Una

Madre

conforme al
corazón de

Dios

Una *Madre* conforme al corazón de *Dios*

10 maneras de mostrarle amor a tus hijos

Elizabeth George

PORTAVOZ

La misión de *Editorial Portavoz* consiste en proporcionar productos de calidad —con integridad y excelencia—, desde una perspectiva bíblica y confiable, que animen a las personas a conocer y servir a Jesucristo.

Título del original: *A Mom After God's Own Heart,* © 2005 por Elizabeth George y publicado por Harvest House Publishers, Eugene, Oregon 97402. Todos los derechos reservados.
www.harvesthousepublishers.com

Edición en castellano: *Una madre conforme al corazón de Dios,* © 2006 por Elizabeth George y publicado por Editorial Portavoz, filial de Kregel Publications, Grand Rapids, Michigan 49501. Todos los derechos reservados.

A menos que se indique lo contrario, todas las citas bíblicas han sido tomadas de la versión Reina-Valera 1960, © Sociedades Bíblicas Unidas. Todos los derechos reservados.

Traducción: Nohra Bernal

EDITORIAL PORTAVOZ
P.O. Box 2607
Grand Rapids, Michigan 49501 USA

Visítenos en: www.portavoz.com

ISBN 978-0-8254-0500-6

2 3 4 5 edición / año 12 11 10 09

Impreso en los Estados Unidos de América
Printed in the United States of America

Contenido

Agradecimientos

Como siempre, gracias a mi amado esposo, Jim George, M.Div., Th.M., por tu apoyo acertado, tu guía, tus sugerencias y por alentarme con amor a realizar este proyecto. Y un agradecimiento especial por su contribución en la sección "Del corazón de un padre" de este libro.

Bienvenida

Amada madre:

¡Sin todavía conocerte puedo afirmar que eres alguien muy especial! ¿Por qué? Porque elegiste un libro como este. Por su título resulta evidente que deseas ser una madre conforme al corazón de Dios. Este libro abunda en ideas que te mostrarán cómo cumplir los anhelos de tu corazón de madre y cómo llegar a ser una madre conforme al corazón de Dios. Antes de comenzar nuestra aventura juntas, quisiera sugerirte algo que la hará aún más emocionante.

¡Abre tu libro y disfrútalo! Contiene información vital. Te da ánimo. Abunda en Palabra de Dios. Incluso he procurado que sea de fácil lectura, pues sé que eres una mujer y madre ocupada. Te imagino leyendo este libro en un momento de tranquilidad mientras los niños están en la escuela… o toman una siesta… o mientras esperas que tus adolescentes lleguen a casa… o arrullas a tu bebé… o quizá mientras descansas bajo la sombra de un árbol y tus hijos juegan en el parque. ¡Disfruta tu libro! Llévalo contigo, y deja que la Palabra de Dios te enseñe y te dé el poder y el aliento que necesitas.

Abre tu corazón a las prioridades y temas que trata este libro. Están pensados especialmente para ti, madre. Te darán la sabiduría divina y los principios que necesitas para esta responsabilidad capital de tu vida.

Pídele al Espíritu Santo que disponga tu corazón.

Pídele que te revele la Palabra de Dios, que te ayude a entender el plan de Dios y las prioridades en tu vida y que transforme tu corazón y tu alma.

Abre tu corazón a otros. Mira a tu alrededor. ¿Hay otras madres en tu iglesia o en tu barrio a quienes les serviría aprender más acerca de la tarea de ser madre? Invítalas también a conseguir el libro *Una madre conforme al corazón de Dios*, y léanlo juntas. Así crecerán como madres y en el camino del Señor. Y para garantizar un crecimiento más acelerado, puedes adquirir la *Guía de crecimiento y desarrollo* de *Una madre conforme al corazón de Dios* ¡Te encantará!

¡Abre tu corazón y sueña! Sueña en convertirte en la madre que anhelas ser, una madre conforme al corazón de Dios.

Y ahora ¡aterricemos esos sueños! Es mi oración que el contenido de este libro dedicado a madres como tú te anime, te emocione, te instruya ¡y te inspire a ser una madre conforme al corazón de Dios!

En su admirable y gran amor,
tu amiga y también madre en Cristo,

Elizabeth George

Lo más importante es el corazón

Lo más importante es el corazón

Sin importar tus actividades diarias… o tu oficio… hacerlo todo como Dios quiere es un asunto del corazón. Ya sea decidir cómo invertir tu dinero o tu tiempo, o cómo tratas a las personas, o cómo te vistes, o cómo haces tu trabajo, tus decisiones revelan lo que hay en tu corazón. Lo mismo es cierto en lo que respecta a tu forma de criar a tus hijos.

¿Por qué es tan determinante la condición de tu corazón de madre y el de tu hijo? La Biblia responde este interrogante esencial.

El corazón de todo

Por tu experiencia personal ya sabes que el corazón es el órgano principal de la vida física. Todo el mundo sabe bien que el corazón ocupa un lugar vital en el funcionamiento del cuerpo humano. No obstante, el uso bíblico del término corazón también alude a toda nuestra actividad mental y moral, que abarca las emociones, los pensamientos y la voluntad. El corazón también se emplea en sentido figurado para denotar "las corrientes escondidas de la vida personal".[1] Por eso Dios nos advierte e instruye a guardar con diligencia nuestro corazón "porque de él mana la vida" (Pr. 4:23).

En otras palabras, debemos presentar "todo nuestro ser a Dios… [y] ante todo el corazón. Él es la vida interior, la mente, los pensamientos, las motivaciones, los deseos. La mente es la fuente de la cual brotan las acciones. Si la fuente es pura, la corriente que fluye será pura. Lo que un hombre piensa, eso es".[2]

¿Que tiene que ver esto con ser madre? Primero, que debemos reconocer lo importante que es el corazón de nuestros hijos. W. E. Vine, en su meditación acerca de Mateo 15:19–20, dijo que "la depravación humana halla su asiento en el 'corazón', debido a que el pecado es un principio que halla su asiento en el centro de la vida interna del hombre, contaminando por ello todo el círculo de sus acciones". Ese es el lado negativo. No obstante, el otro (el positivo), es que las Escrituras consideran el corazón como "la esfera de la influencia divina" (Ro. 2:15; Hch. 15:9).[3]

Dios empieza a formar a una madre conforme a su corazón desde el interior, en su mujer interior y su corazón. Después obra en el exterior.

Aquí está, amada madre y amiga, nuestro doble reto. Para criar (¡de continuo!) a un niño conforme al corazón de Dios, debemos labrar el suelo de cada pequeño corazón, y sembrar la semilla de la Palabra de Dios, mientras oramos con fervor por la "influencia divina". Al mismo tiempo, debemos consagrarnos a enseñar con diligencia y a disciplinar el pecado propio de la vida de todo niño.

Pero ¿dónde empieza la maternidad, las responsabilidades, la oración, la disciplina y cada aspecto de tu vida de madre? ¡Empieza en *tu* corazón, amada amiga!

Como madres, la misión que Dios nos ha encomendado es criar hijos conforme al corazón de Dios, hijos que busquen seguirle y experimenten la salvación por medio de Jesucristo. Y perseverar en el plan de Dios para nosotras depende por completo de nuestro corazón. Depende de que cumplamos los mandatos de Dios para nuestra vida. Él quiere que le entreguemos nuestro corazón, nuestra alma, nuestra mente, nuestras fuerzas y nuestro tiempo, a fin de afectar y formar los corazones de nuestros hijos para servirle a Él y a sus propósitos.

Niños con un corazón para Dios

Tal vez conoces hombres y mujeres de la Biblia que tuvieron un corazón para Dios y lo siguieron. También la Biblia menciona algunos niños que tuvieron ese corazón, algunos en edad preescolar y otros adolescentes y jóvenes. Estos niños amaron y sirvieron a Dios de muchas formas. Y sus historias encierran lecciones para nosotras que somos madres conforme al corazón de Dios.

Samuel. A todos, pequeños y ancianos, les encanta la historia del niño Samuel y su respuesta al llamado de Dios. (Puedes leer este episodio de la vida de Samuel en 1 Samuel 3:1–21). Es lo que todas soñamos para nuestros hijos en su desarrollo… que nunca en su vida estén separados de Dios ni sean ajenos a su amor. Así veo yo a Samuel. Es el jovencito que, según muchos, a sus 12 o 13 años escuchó que Dios lo llamó… y respondió a ese llamado.

¿Cómo llegó a ser Samuel un niño conforme al corazón de Dios? En 1 Samuel 3 leemos que él

escuchó el llamado de Dios… y
respondió. Él
escuchó lo que Dios quería decirle, y así
respondió a su voz:

"Heme aquí… Habla, porque tu siervo oye" (vv. 4 y 10).

Las acciones motivadas por el corazón del niño Samuel demuestran que "los niños (aun desde una edad muy temprana) son capaces de consagrarse espiritualmente y servir en la obra de Dios".[4]

¿De dónde procede un corazón semejante? Sin duda alguna y ante todo, de Dios mismo. Él es Hacedor y Creador de todo lo bueno y también de un corazón que oye, escucha, responde y está dispuesto para Él. Podríamos no obstante añadir a esta justa afirmación que también es fruto de la labor de la madre de Samuel. ¿Quién era ella? Su nombre era Ana, una mujer que oró a Dios con una promesa:

> "Jehová de los ejércitos, si te dignares… [y] dieres a tu
> sierva un hijo varón, yo lo dedicaré a Jehová todos los días
> de su vida" (1 S. 1:11).

La respuesta a esta oración sincera de Ana fue Samuel… ¡quien fue consagrado al Señor incluso antes de su concepción! Y para cumplir su voto, Ana llevó a Samuel a la casa del Señor en Silo después de ser destetado, alrededor de los tres años de edad. Allí le entregó su pequeño a Elí, el sacerdote de Dios, para ser educado bajo su tutoría e instrucción directas en la casa del Señor.

Parece que a los tres años Samuel estaba ya bien encaminado para ser un niño conforme al corazón de Dios. Desde su tierna infancia él "ministraba a Jehová delante del sacerdote Elí" (1 S. 2:11). ¿Dónde empezó a formarse su corazón? Todo comenzó en el plan de Dios. No obstante, otra condición en el plan de Dios fue la fidelidad de una madre conforme al corazón de Dios. ¡Imagina una madre que puede hacer la oración de Ana en 1 Samuel 2:1–10! (Léela por ti misma).

Piensa en su amor ferviente por Dios, su conocimiento de Él a través del Pentateuco (los cinco primeros libros de la Biblia) y de la

relación entre Él y su pueblo a lo largo
de la historia. Imagina la seriedad de
la instrucción que le dio a su pequeño
y sus apasionadas oraciones por él
mientras se disponía a entregarlo en
Silo.

Ruego que tú y yo tengamos
también esa dedicación vehemente
a Dios, y nos consagremos así a la
enseñanza e instrucción de nuestros
hijos.

> *La dicha
> más grande de
> una madre al
> tener un hijo
> es entregarlo
> completa y
> libremente a
> Dios.*

David. David fue quien ostentó primero el título de hombre
conforme al corazón de Dios (1 S. 13:14). Sin embargo, también
fue un niño conforme al corazón de Dios. Los eruditos creen que
David tenía entre 10 y 16 años cuando Samuel, ya siendo profeta
y sacerdote, lo ungió para ser rey de Judá.[5] David fue criado para
ser pastor. En las laderas de los collados de Judá, David, quien
ya demostraba un ferviente amor por el Señor, cuidaba las ovejas
de su padre, escribía y cantaba oraciones a Dios, al tiempo que
tocaba su instrumento de cuerda. Al concluir un estudio sobre la
vida de David, un erudito escribió en una homilía titulada *God's
Love for Little Boys* [El amor de Dios por los niñitos]: "Es imposible
sobrestimar las maravillas que pueden suceder cuando desde
temprano una vida se rinde al Dios Todopoderoso".[6]

¿Y dónde nació un corazón de niño tan dispuesto para Dios? Sin
duda alguna en el plan soberano de Dios. No obstante, echemos un
vistazo a las raíces espirituales de David:

"Salmón [quien se casó con Rahab] engendró a Booz, y
Booz [quien se casó con Rut] engendró a Obed, Obed
engendró a Isaí, e Isaí engendró a David" (Rt. 4:21–22).

Estos hombres y mujeres, esposos y esposas, madres y padres, y abuelos y abuelas tenían una fe firme y fueron usados por Dios. La Biblia no habla mucho de los padres de David, pero sí menciona su linaje, su amor por Dios desde pequeño… y sin duda ese conocimiento de Dios provino de alguien que fue fiel y obediente.

¿Eres una madre conforme al corazón de Dios presta y deseosa de ser usada por Dios en la vida de tus hijos? Entonces pídele que te ayude a transmitir con fidelidad tu fe y confianza en Él a las siguientes generaciones, a fin de que tus hijos sean niños y niñas, jóvenes y jovencitas conforme al corazón de Dios. Que esta sea la petición diaria de tu corazón.

Daniel y sus amigos. A todos también nos encantan los increíbles relatos de Daniel y sus tres amigos Sadrac, Mesac y Abed–nego (vea Daniel 1–3). Estos jóvenes, lo más selecto de su pueblo, fueron llevados como prisioneros a Babilonia por el rey Nabucodonosor. Allí fueron elegidos para recibir un cuidadoso entrenamiento cuya finalidad era servir al rey. Digo que ellos eran "lo más selecto de su pueblo" porque para ser elegidos para el servicio real estos jóvenes debían ser guapos, físicamente perfectos, inteligentes y hábiles socialmente (Dn. 1:4). ¿Sabías que muchos eruditos concuerdan en afirmar que según el comienzo del libro de Daniel estos cuatro amigos eran adolescentes "cuyas edades oscilaban entre los 14 y 15 años de edad",[7] o entre los 14 y 17? ¿Quiénes fueron los padres de Daniel y sus amigos?

> *Dios obra a través de padres fieles que, en medio de tiempos difíciles y sombríos, caminan en obediencia a Él.*

Nadie lo sabe con certeza. Sin embargo, hay algo que sí sabemos. Estos cuatro prisioneros eran "de los hijos de Israel" (v. 3). Eran descendientes del patriarca

Jacob (también conocido como Israel). Eran también "del linaje real de los príncipes" (v. 3). En otras palabras, eran de la familia de David. Y eran "de los hijos de Judá" (v. 6), la tribu más ilustre de Israel. Sean quienes fueren sus padres, los actos y decisiones de estos jóvenes constituían un vivo y claro testimonio y una evidencia contundente de que la instrucción de sus padres fue muy sólida y piadosa. En sus años de adolescencia, cuando tantos jóvenes son tentados a cuestionar o abandonar su educación, ellos hicieron lo contrario. De hecho, estuvieron dispuestos a honrar a Dios con sus decisiones y permanecer firmes en su fe… aunque eso significara la muerte.

> *En una vida de hogar y en una educación piadosa, un niño aprende a vivir para Dios en un mundo lleno de pecado.*

Ahora imagina que *tu* hijo entre los 14 y 17 años fuera separado de ti y tuviera que tomar decisiones tan difíciles. ¿Cuál crees que sería la decisión de tu adolescente? O si tu hijo es menor, ¿qué esperas que elija y cuál es tu oración por él?

¡Ya lo ves, amada madre? (¡yo sí!) Como madres conforme al corazón de Dios debemos enseñar, instruir y aconsejar a nuestros hijos siempre que podamos. La verdad de Dios debe ser impartida. Y debemos orar, orar sin cesar, para que Dios escriba nuestra enseñanza fiel de su Palabra en las tablas de sus corazones (Pr. 3:3). ¿Quién sabe los tiempos difíciles y las decisiones que deban afrontar nuestros amados hijos, como sucedió con Daniel y sus amigos?

Timoteo. Este es otro joven conforme al corazón de Dios. Lo más probable es que ya al final de su adolescencia o comienzo de su juventud,[9] Timoteo fuera considerado por el apóstol Pablo como un "verdadero hijo en la fe" (1 Ti. 1:2). Este joven, a su tiempo, llegó a ser el discípulo de Pablo y su mano derecha.

¿Cómo pudo suceder esto? ¿Quién era Timoteo? Esto es lo que sabemos de su familia.

- ☺ *El padre de Timoteo* era un gentil y "griego" (Hch. 16:1), no un creyente en Jesucristo.
- ☺ *La abuela de Timoteo, Loida,* era una judía que creía y comprendía el Antiguo Testamento lo suficiente para recibir el evangelio de Cristo cuando Pablo y Bernabé llegaron a su ciudad (Hch. 14:6–7, 21–22).
- ☺ *La madre de Timoteo, Eunice,* era "una mujer judía creyente" (Hch. 16:1), y junto con su madre Loida habían aceptado a Cristo como Salvador.
- ☺ *Acerca de Eunice y Loida,* Pablo escribió a Timoteo: "Trayendo a la memoria la fe no fingida que hay en ti, la cual habitó primero en tu abuela Loida, y en tu madre Eunice, y estoy seguro que en ti también" (2 Ti. 1:5).

¿Cómo llegó Timoteo a ser quien fue? ¿En qué horno se forja un hombre de Dios semejante? Sin duda alguna y ante todo, en Dios mismo. Y además, en el corazón y oraciones de sus familiares piadosos. En el caso de Timoteo, fueron dos mujeres, una madre y abuela devotas. Pese a que su padre no era creyente, Dios le dio al niño Timoteo un equipo espiritual fiel compuesto por dos mujeres. Y ellas sembraron la semilla y prepararon el terreno donde su fe en Cristo pudiera echar raíz, crecer y florecer.

¿Necesitas aliento? Anímate con estas palabras: "A pesar de vivir en un hogar dividido, la madre de Timoteo inculcó en él un carácter fiel que lo acompañó hasta la vida adulta… No ocultes tu luz en casa: Nuestra familia es un campo fértil para recibir las semillas del evangelio. Es el campo más difícil de labrar, pero produce las mayores cosechas. Deja que tus [hijos]… conozcan tu fe en Jesús".[10]

María. Esta sí que es una jovencita conforme al corazón de Dios.

María, la madre de nuestro Señor, solo tenía unos 14 años cuando halló "gracia delante de Dios" (Lc. 1:30). Fue elegida para ser el vaso humano que posibilitara el nacimiento físico del Hijo del Hombre en el mundo. ¿Era ella una mujer de alcurnia, riqueza o educación? No. ¿Se casó con alguien influyente? No. De hecho, ni siquiera se había casado.

Entonces ¿cuál era el secreto? ¿Qué calificaba a María para semejante bendición y honor… para que Dios confiara en ella? Era el interés de su corazón. Como sabrás, María era una mujer, y muy joven por cierto, conforme al corazón de Dios. Lo que había en el corazón de María por su Dios queda evidenciado en estas dos situaciones:

La respuesta de María al llamado de Dios. Cuando se entera del misterio que estaba por suceder en su vida y conoce los detalles del nacimiento de Jesús, María respondió: "He aquí la sierva del Señor; hágase conmigo conforme a tu palabra. Y el ángel se fue de su presencia" (Lc. 1:38).

La alabanza de María. Jesús, el hijo de María, dijo: "Porque de la abundancia del corazón habla la boca" (Mateo 12:34). Esto es lo que escuchamos en el "Magníficat" o cántico de María (Lc. 1:46–55).

De su tierno corazón brotaba la Palabra misma de Dios. De sus labios brotaban todas las oraciones, Salmos, ordenanzas y profecías de la Biblia que sabía de memoria. En su corazón, alma y mente abundaba la verdad de Dios.

> *La* responsabilidad de los padres cristianos consiste en asegurarse que el corazón y la mente de sus hijos estén saturados de la Palabra de Dios.

¿Cómo lograr esto? ¿Cómo puede suceder algo así en la vida de una jovencita? Sabemos que era la obra de Dios… y la elección divina. Él en su soberanía mostró su favor y su gracia a la joven María y la bendijo entre las mujeres (Lc. 1:42).

¿Quiénes eran sus padres? No lo sabemos. Pero sí sabemos, que según la cultura de su época, María fue motivada, enseñada, instruida y educada como mujer en las Escrituras, principalmente en casa. *Alguien* en su hogar se encargó de instruir a María para que conociera acerca de Dios.

♡
────── *Respuesta del corazón* ──────

¿Te sientes inspirada? ¿Animada? ¿Sedienta de cumplir con el plan de Dios para ti como madre? Hacer las cosas en obediencia al mandato divino es siempre un asunto del corazón. Eso incluye la elección de dedicar tu corazón a la crianza de tus hijos como Dios quiere, y orar con cada aliento que tengas para que ellos lleguen a tener un corazón conforme al suyo.

Amada madre, cualquiera sea tu situación en el hogar, si tus hijos creen o no en Jesucristo, si son pequeños o mayores, o si su padre es o no cristiano (¡o si tienen o no un padre!), si tú eres nueva en la fe o gran conocedora, si han pasado años sin estudiar o conocer la Palabra de Dios, haz tu mejor esfuerzo. A partir de este instante da lo mejor de ti.

Y puesto que deseas que tus hijos amen a Dios y le sigan, conságrate a Él y deja que ellos vean tu amor por Él y el ejemplo de seguirle. Sé una madre conforme al corazón de Dios y nada más. Él te ayudará a encarar todos los retos de la crianza.

Del corazón de un padre

Hola, soy Jim George, esposo de Elizabeth y padre de dos hijas ya mayores que ahora están en el ajetreo de la crianza de siete pequeños con miras a que sean niños conforme al corazón de Dios. A lo largo del libro tomaré mi pluma para añadir algunas ideas y consejos personales sobre lo que significa ser una madre conforme al corazón de Dios que quiere educar a sus hijos con un corazón para Dios. Mi objetivo es

⚘ animarte en tu esfuerzo por lograrlo. ¡El trabajo como padres cristianos es duro! Sin embargo, recuerda que así cumples uno de los más grandes llamados de Dios para tu vida: Educar a tus hijos para amar y servir a Jesucristo.

⚘ También me he propuesto presentar el punto de vista de un padre y esposo en el deber solemne de la crianza de los hijos para los propósitos divinos. Ignoro si tu esposo participa en gran medida en este proceso cotidiano. Tal vez él sea un hombre cuyo trabajo le exige ausentarse del hogar más de lo que quisieras (como fue nuestro caso). O quizá tu esposo está muy ocupado en suplir las necesidades materiales del hogar.

⚘ Cualquiera de estas situaciones le añade a tu vida presiones. A pesar de eso, espero brindarte ideas originales acerca de la importancia de tu papel y de tus responsabilidades como madre. También te ofreceré un poco de ayuda en cuanto a la comunicación con tu esposo acerca de los asuntos familiares. Te presentaré sugerencias y principios que te serán de provecho como madre. Y, si tu esposo muestra interés en lo que haces y lees, puedes invitarlo a leer contigo esta sección, o cualquier parte del libro.

Como bien lo sabes, la crianza constituye un gran reto. Sin embargo, todo lo que vale lo es, y ningún propósito debe ser más importante para ti que tu familia, a excepción de Dios. Así que recuerda las palabras del apóstol Pablo:

"Así que, hermanos míos amados, estad firmes y constantes, creciendo en la obra del Señor siempre, sabiendo que vuestro trabajo en el Señor no es en vano" (1 Co. 15:58).

Cualquiera sea el esfuerzo, las dificultades, los sacrificios o los inconvenientes que enfrentas por ser padre o madre, tu duro trabajo *nunca* es en vano en el Señor.

Ahora, considera en oración las "pequeñas decisiones que traen grandes bendiciones", las cuales te ayudarán a convertirte en la madre conforme al corazón de Dios que anhelas ser.

Pequeñas decisiones que traen grandes bendiciones

1. Programa tu agenda.

¿Cómo sueles organizar tu semana? ¿Qué rutina sigues a diario? ¿Cómo te gustaría que fuera tu semana? O ¿cómo debes programarla para cumplir (con la ayuda de Dios) con la educación de tus hijos para que estén dispuestos para Dios? Una semana es una pequeña parte de tu vida. No obstante, debido a que se repite una y otra vez se convierte en realidad en algo sustancial.

Ajusta lo que sucede en tu hogar para cerciorarte de que tienes las prioridades en su sitio. Organiza una agenda que te dé tiempo para que tú y tus hijos dediquen tiempo a diario al estudio bíblico o a una historia bíblica (según las edades).

Asimismo, planea un tiempo de preparación para ir a la iglesia (alistar vestidos, las Biblias y otros preparativos) para que todos estén tranquilos a la hora de llegar. Luego planea tu día en la iglesia. Llénalo de actividades divertidas, y por supuesto, como buena madre, ¡planea bastante comida!

2. Analiza el tiempo que pasas frente al televisor.

(Esto también es válido para tus hijos). ¿Sabes con exactitud cuánto tiempo tú, "una madre conforme al corazón de Dios" (y tus hijos "conforme al corazón de Dios"), miran televisión? Si quieres, realiza un registro durante varios días. Luego piensa cómo podrías invertir ese tiempo para crecer en tu conocimiento de Dios, organizar asuntos en tu mente y corazón, o también orar para que tu familia viva en obediencia a Dios.

¿Cómo llegó la joven María a conocer las Escrituras que fueron el eje de su cántico? ¿Cómo logró Ana inculcarle a su pequeño las enseñanzas transformadoras antes de que cumpliera tres años? ¿Cómo encontró el joven David tiempo para meditar en la naturaleza de Dios, escribir versos de adoración y cantarlos a Él? La respuesta es obvia ¿no es así? (Y nada tiene que ver con la televisión, ¡mas sí con el tiempo!) Estos actos de devoción fueron posibles porque había *tiempo* para que ocurrieran. También había un anhelo sincero y ferviente por ver que esto sucediera. Estos fieles creyentes estaban totalmente resueltos a conocer a Dios.

Amada madre, con el televisor apagado (o en lo posible encendido por menos tiempo), es más probable que todos estos hábitos que forman el corazón y el alma, tanto de una madre como de su hijo, tengan lugar.

3. Consigue un libro devocional.

Una madre conforme al corazón de Dios alimenta su alma, pero también está atenta a alimentar la de sus hijos. Selecciona un libro devocional para ti y otro que sea apropiado para la edad de cada niño. Después, aparta un momento diario para disfrutar su lectura. En poco tiempo se convertirán en un tesoro familiar. Si tus hijos pueden leer, permíteles que lean sus libros en voz alta. Si son mayores, invítalos a que te cuenten lo que han aprendido. Y asegúrate de hablarles también acerca de lo que tú aprendes. ¡Guíalos en el camino que los conduce al corazón de Dios!

4. Memoriza un versículo.

Ana conocía la Palabra de Dios. María conocía la Palabra de Dios. Daniel y sus amigos conocían la Palabra de Dios. La madre y la abuela de Timoteo (y él también) conocían la Palabra de Dios. Y David cantaba la Palabra de Dios. (¿Has notado lo que une a estas madres e hijos conforme al corazón de Dios?) Elige un versículo para memorizar esta semana. ¿No sabes dónde comenzar? Entonces memoriza Lucas 10:27, Hechos 13:22 o Colosenses 3:2. Son versículos que hablan del corazón.

También selecciona versículos para tus hijos. Cerciórate de que sean apropiados para su edad. Incluso un bebé de 18 meses puede recordar "Dios es amor" (1 Jn. 4:8) y "sed benignos unos con otros" (Ef. 4:32). Usa tu creatividad para festejar el aprendizaje de memoria de cada versículo. ¡Qué divertido!

5. Ora por tu corazón.

Ser una madre conforme al corazón de Dios y educar hijos conforme al corazón de Dios es "un asunto del corazón", el *tuyo*. Así que ora, amada, por tu corazón. Entrégalo a Dios. Conságralo a Él cada mañana que trae nuevos retos. Abre tu corazón por completo ante Él. Dedícalo a Dios (Lc. 10:27). Límpialo y purifícalo por medio de la oración (Stg. 4:8). Después ora con todo tu corazón por tu amada y preciosa descendencia como solo tú, que eres su madre, puede hacerlo.

Cómo educar a los hijos para Dios...
para Dios...
y para la vida

Diez maneras de mostrarle amor a tus hijos

1

Dedica tiempo a alimentar tu corazón

Y estas palabras que yo te mando hoy,
estarán sobre tu corazón.

DEUTERONOMIO 6:6

ios nos ha bendecido a Jim y a mí con dos hijas maravillosas, Katherine y Courtney, quienes han estado casadas durante 10 y 11 años respectivamente. Y ahora buscan ser madres conforme al corazón de Dios para sus siete hijitos. Ellas siempre me dicen: "Mamá, llegó la hora del pago. Todo lo que te hicimos a ti ¡ahora lo recibimos con creces!"

Cuando Courtney estaba embarazada de uno de sus hijos, nuestra iglesia en Washington preparó una fiesta de bienvenida para el bebé, y la esposa de nuestro pastor me pidió que predicara un corto mensaje para la ocasión. Cuando me senté a preparar el tema para la charla, escribí una corta lista muy general que titulé "Diez formas de amar a tus hijos". Créeme que fue un examen de conciencia sobre mi propio desempeño como madre y un gran ejercicio de búsqueda en mi Biblia. También fue muy divertido hablar de ello en la fiesta ante otras madres y abuelas que atravesaban las diferentes etapas de la maternidad.

Años después, mi lista de diez principios sobre la crianza apareció en uno de los capítulos de un libro en el que hablaba acerca de ser madre[1]. Y más adelante, a medida que exponía estos principios e interactuaba con más madres y abuelas, Dios puso en mi corazón el deseo de convertirlos en un libro para ayudar a madres como tú. Ese es mi anhelo y oración.

Aquí están las diez formas de ser una madre conforme al corazón de Dios, también conocidas como "Diez formas de amar a tus hijos". Antes de comenzar nuestro estudio, quiero pedirte tres cosas. Primero, que ores. Segundo, que abras tu corazón a las Escrituras citadas en este libro. Son las instrucciones de Dios para las madres, de su corazón para el nuestro. Y tercero, si quieres saber más acerca de ser una madre conforme al corazón de Dios, puedes usar las preguntas de la Guía de estudio y crecimiento[2] para profundizar en las enseñanzas de Dios acerca de un tema tan vital.

> *La oración es el único camino para llegar a ser la madre que Dios espera de ti.*

Amada amiga, el Espíritu Santo usará y vivificará la Palabra para enseñarte y transformarte en una madre conforme al corazón de Dios. Después de todo, tu corazón es el lugar donde empieza la crianza de un hijo conforme al corazón de Dios. Como es de suponer, la primera forma de amar a tus hijos es dedicar tiempo a alimentar tu corazón.

Todo empieza en el corazón

Imagina esta escena. El pueblo de Dios llega por fin a los límites de la Tierra Prometida; "la tierra que fluye leche y miel" (Dt. 6:3).

Están reunidos para prepararse y ser instruidos antes de cruzar el río Jordán y entrar en su nueva patria. Fue allí que su fiel líder Moisés les recordó y reiteró la ley de Dios.

En el corazón de Moisés había una preocupación por las generaciones siguientes que no presenciaron la entrega inicial de la ley de Dios a su pueblo. Moisés sabía que era definitivo que todos los presentes comunicaran a sus hijos el conocimiento de la ley de Dios y la historia de su trato con los israelitas. Escucha las palabras de Moisés, y la intención de su corazón, según Deuteronomio 6:4–12. Este pasaje contiene instrucciones de suma importancia para nosotros como padres hoy.

⁴Oye, Israel: Jehová nuestro Dios, Jehová uno es.

⁵Y amarás a Jehová tu Dios de todo tu corazón, y de toda tu alma, y con todas tus fuerzas.

⁶Y estas palabras que yo te mando hoy, estarán sobre tu corazón;

⁷y las repetirás a tus hijos, y hablarás de ellas estando en tu casa, y andando por el camino, y al acostarte, y cuando te levantes.

⁸Y las atarás como una señal en tu mano, y estarán como frontales entre tus ojos;

⁹y las escribirás en los postes de tu casa, y en tus puertas.

¹²cuídate de no olvidarte de Jehová.

¿Has notado cuántas veces usó aquí Dios las palabras "tu" y "tus" en su llamado a la consagración total a Él? Cuéntalas por ti misma. Después de varios intentos yo encontré 21 apariciones. ¡Veintiuna! Estos pronombres repetidos evidencian que el mensaje de Dios para tu corazón es que dediques tu vida entera a Él. En otras palabras, ser una mujer y una madre conforme al corazón de Dios es un asunto *personal*, y un asunto del *corazón*. (¡Espero que ya lo sepas bien!)

Un vistazo a estos versículos revela lo que Dios tiene en mente para las madres que le aman… y para ti.

Versículo 4. "Oye, Israel: Jehová nuestro Dios, Jehová uno es". Estas palabras daban inicio al *Shema,* el credo judío o su "confesión de fe" en un solo Dios verdadero. "Es el fundamento de todas las condiciones del pacto".[3] Hoy, al igual que entonces, hay quienes ponen su confianza en diferentes "dioses". ¿Dónde está tu confianza? ¿En tu corazón? ¡Espero que lo esté en el Dios de la Biblia!

Versículo 5. "Amarás a Jehová tu Dios". Aquí Dios te llama a amarlo con un amor sin reservas, a un compromiso absoluto de amor que incluye "*todo* tu corazón… *toda* tu alma… y… *todas* tus fuerzas". Este amor debe ser un "fuego sagrado"[4] y vehemente que impulsa tu vida entera a buscar a Dios.

Versículo 6. ¿Por qué es importante que "estas palabras" de la ley de Dios estén en el corazón de una madre? Porque Dios sabe que si su Palabra y enseñanzas moran en el corazón de una persona, entonces meditará en ellas, las entenderá… y las obedecerá. Y ese es el objetivo con cada persona (¡y madre!) conforme al corazón de Dios.

Versículo 7. Después que la Palabra de Dios y sus mandatos están en tu corazón, las transmitirás "y las repetirás a tus hijos". Puedes poner a Dios y su Palabra en el centro de las conversaciones en tu hogar y a lo largo del día "y hablarás de ellas estando en tu casa, y andando por el camino, y al acostarte, y cuando te levantes".

Versículo 8. La instrucción de este versículo es que resulta provechoso meditar en los mandamientos de Dios en todo tiempo. Es imposible olvidar o alejarte de algo que está tan cerca de ti como "una señal en tu mano" y "frontales entre tus ojos".

Versículo 9. Debes hacer todo lo posible porque tú y tus hijos conozcan bien las Escrituras… aun si esto significa que "las escribirás en los postes de tu casa, y en tus puertas".

Versículo 12. ¿Por qué todo ese interés en llenar tu corazón con las instrucciones de Dios y en comunicarlas a tus hijos? Dios dijo por medio de Moisés: "Cuídate de no olvidarte de Jehová". ¡Dios se opone a que nosotros o nuestros hijos, que son nuestra "herencia" del Señor y "cosa de estima" (Sal. 127:3) nos olvidemos de Él! La Palabra de Dios en tu corazón te guardará de olvidarte de Él, de olvidar tu dependencia de Él, tu necesidad de Él y tus obligaciones para con Él y con tus hijos.

Primero tu parte

Amada madre, ¿oyes el mensaje de Dios? Antes de preocuparnos siquiera por la maternidad, la enseñanza y la instrucción de nuestros preciosos y amados hijos, debemos ocuparnos de nuestra relación con Dios. Debemos cuidar nuestro propio corazón. Debemos dedicar tiempo para alimentarlo. Como ves, estamos llamadas a amar al Señor. Y debemos amar y obedecer su Palabra. Su Palabra debe morar en nuestro corazón. En realidad todo tiene que ver con nuestro corazón y nuestra responsabilidad como madres.

¿Qué pasará (por la gracia de Dios) si nuestro corazón está consagrado al Señor? ¿Qué ocurrirá si nuestro corazón está lleno de de su instrucción y de amor por Él? Seremos madres piadosas. Y así… *¡solo así!*… podremos enseñar con mayor eficacia la Palabra de Dios a nuestros hijos. La devoción absoluta al Señor debe estar primero en nuestro corazón de madre. Y luego vendrán la instrucción en rectitud de nuestros hijos y nuestra enseñanza diligente de la Palabra de Dios.

Me agrada la forma como un erudito resumió Deuteronomio 6:4–9: "Debemos amar a Dios, meditar sin cesar en sus mandamientos, enseñarlos a nuestros hijos, y vivir cada día según los principios de su Palabra".[5]

¡Que comience la transformación!

Mis niñas se llevan apenas 13 meses, ¡y durante años me pareció que tenía gemelas! Por consiguiente, debía ser cuidadosa de no cometer tantos errores con mi hija mayor para evitar repetirlos con la menor. Lo que hacía o dejaba de hacer para amar y educar a mis hijas afectaba de manera simultánea a las dos.

Por tanto, muy pronto descubrí la importancia de llenar mi corazón de la poderosa Palabra de Dios cada día. Pude percatarme del efecto transformador que tenía sobre mi desempeño como madre y en el ambiente de mi hogar. Lo mismo es cierto para ti. ¿Qué nos sucede a las madres cuando no dedicamos tiempo a nutrir nuestro corazón? Aquí está mi lista. Esto es lo que me sucede:

> La condición para lograr enseñarles a tus hijos acerca de Dios es tu amor total hacia Él.

…me agoto. Cuando no hemos alimentado nuestro espíritu, nuestro corazón queda vacío e inestable. Sin alimento espiritual nuestra labor como madres es vana, y la evidencia de nuestra apatía comienza a notarse en nuestros hijos. Todo se vuelve monótono y carece de fuerza espiritual, propósito, motivación, emoción y resultados tanto en padres como en hijos. Si hemos perdido la motivación nuestra maternidad se vuelve insulsa y aburrida. Sin darnos cuenta funcionamos con el piloto automático.

Terminamos cediendo en la lucha por seguir las normas divinas y una conducta recta. Empezamos a conformarnos con la situación tal como está. No nos esforzamos por velar en cumplir el llamado de Dios como madres. Fracasamos en el intento de encaminar siempre el corazón de nuestros hijos hacia lo celestial… y nos centramos en las cosas de este mundo. Si nos afanamos por las cosas de este mundo y nos enamoramos de sus afanes y recompensas, nuestra maternidad será mundana. No seguiremos los principios y caminos de Dios. Caminaremos y educaremos a nuestros hijos según el modelo del mundo. Seremos laxos en las normas de conducta y en las pautas de disciplina. Las cosas de este mundo se abrirán paso en nuestros hogares y en el corazón de nuestros hijos.

…soy carnal o poco espiritual. Si satisfacemos los deseos de la carne en vez de andar en el Espíritu (Gá. 5:16), esto repercutirá en nuestra labor como madres. Como dijo Pablo: "*manifiestas* son las obras de la carne" (v. 19). Entre los niños habrá gritos, contiendas, ofensas, menosprecio, incluso bofetadas, empujones y forcejeos.

Todo esto es muy serio… y todo por no recibir a diario el alimento y la renovación espiritual de la Palabra de Dios que nos recuerda siempre los caminos más excelentes de Cristo. ¿Cuál es la solución divina para esto? Toma tu Biblia y léela. Cuando lo hacemos, Dios toca y transforma nuestro corazón en el de una madre conforme al suyo.

Fortaleza para cada día agitado

Hace poco mi Courtney tuvo su cuarto bebé, nuestra hermosa Grace. Jim y yo estuvimos en su casa en Connecticut en la víspera de su nacimiento cuando mi hija y Pablo salieron de noche hacia el hospital. Estuvimos allí casi diez días después para ayudar y facilitar el proceso de adaptación propio de una familia atareada por la llegada del nuevo bebé.

Guardo un recuerdo muy especial. Cada día en el desayuno Courtney se sentaba y atendía a sus niños de cinco, cuatro y dos años de edad, al igual que a Jim y a mí. (Como si no fuera suficiente seis personas para desayunar… ¡sin mencionar un bebé en una cuna!) Junto a ella, en la mesa, estaba su *Biblia en un año*,[6] desgastada y usada. Y después de lavar los platos, limpiar la cocina y las caras y manos de los niños y de haberles organizado alguna actividad, Courtney se sentaba de nuevo en la mesa y con un gran vaso de agua… para leer su Biblia.

Ahora te pregunto, ¿cómo logra una madre manejar un día agitado? ¿Cómo maneja, de forma agradable a Dios, su matrimonio, su hogar, su primer bebé, el segundo, el tercero, el cuarto… que en un abrir y cerrar de ojos se convierten en niños inquietos? Respuesta: Busca la fortaleza divina y la paz que brinda la Palabra de Dios. ¡Y ese es el secreto, el gran secreto!

> *Tu medida de fortaleza espiritual estará en proporción directa al tiempo que dedicas a la Palabra de Dios.*

No sé cómo otras madres logran organizar su tiempo de lectura bíblica, pero esa es la única manera de lograr todo lo que cada día exige. Es un hábito poderoso que toda madre puede establecer en su vida.

♡ —— *Respuesta del corazón* ——

¿Cuánto tiempo requiere leer *La Biblia en un año*, o cualquier otra? Entre 10 y 12 minutos al día. Es más o menos el mismo tiempo que se gasta en una sesión en la Internet. Es la mitad del tiempo que dura una conversación telefónica con tu hermana, madre, o mejor amiga. Es la tercera parte de un programa corto de televisión. Es la sexta parte de lo que dura un programa de opinión.

Sin embargo, con un corazón sediento y anhelante, puedes levantarte doce minutos antes y quedar llena de la Palabra de Dios. Quedas entusiasmada (de *entheos*, que significa *inspirada en* o *por Dios*), y no desanimada y apática. Dejas de lado la mundanalidad y a cambio centras tu mente y corazón en las cosas de arriba "donde está Cristo sentado a la diestra de Dios… no en las de la tierra" (Col. 3:1–2). Y el "fruto del Espíritu de Dios", su "amor, gozo, paz, paciencia, benignidad, bondad, fe, mansedumbre, templanza" (Gá. 5:22–23) se hace evidente.

> *Para un desempeño óptimo, llena a diario tu vida con la Palabra de Dios.*

Recuerda, la Palabra de Dios es la única que transforma tu corazón, tu día y tu maternidad. ¡Ese corto lapso de tiempo es una inversión mínima para algo que produce un resultado eterno y diario tan impresionante!

La madre piadosa y virtuosa de Proverbios 31:10–31 se levantaba cada día para atender a su familia (v. 15)… y su devoción a Dios (v. 30). ¿Harás tú lo mismo? Es una pequeña decisión que trae grandes bendiciones… en tu corazón y en el de tus hijos. Esto te conducirá a un ritmo asombroso por el camino que te lleva a ser una madre más dedicada conforme al corazón de Dios.

Del corazón de un padre

Creo que ya captas la importancia de este capítulo en lo que respecta a ser una madre conforme al corazón de Dios. Es imposible comunicarles a tus hijos con eficacia algo que tú misma no posees. ¿Y cuál es la posesión más preciada que puedes darles a tus hijos sino tu propio corazón y pasión por Dios?

¡Y puedes marcar la pauta aun si tu esposo no es cristiano! Sin importar el poco apoyo que recibes de él, puedes marcar de por vida a tus hijos, y hasta la eternidad. ¿Por qué puedo asegurarlo? Porque mi madre lo hizo conmigo. Mi padre no era cristiano, y tampoco se interesaba en asuntos espirituales. Sin embargo, mi madre fue fiel en inculcarme los principios divinos.

Aún recuerdo ver a mi madre con su Biblia abierta en la mesa de la cocina. Cada día se sentaba durante unos minutos de descanso de sus labores y leía, estudiaba y oraba. Siempre me hablaba acerca de lo que leía, incluso en nuestra última conversación antes de que muriera hace unos años. También me leía historias bíblicas cuando era pequeño. Fue durante una de esas conversaciones casuales que ella me guió a aceptar a Jesucristo como mi Salvador. Me llevaba a la iglesia varias veces en la semana. No fue fácil, pero ella me entregó su tesoro más valioso en la vida: Su amor por Jesús.

Si lees este libro y eres responsable de la mayor parte o de toda la instrucción espiritual de tus hijos, como lo hizo mi madre, no te desanimes. Tampoco tomes tu difícil situación como una excusa. Educar a tus hijos es una responsabilidad demasiado grande que Dios te confió. Asegúrate de crecer espiritualmente para que puedas ser un ejemplo para tus hijos.

Si en cambio lees y compartes con tu esposo la responsabilidad de la instrucción espiritual de tus hijos, piensa bien en no dejarle a él toda la carga. Tus hijos no solo necesitan un padre sino también una madre que sea conforme al corazón de Dios. Nunca te excederás en la formación espiritual que puedas brindarles a tus hijos. Déjales saber cuán importante es Dios para ti.

Mi vida es un testimonio viviente de una madre que dedicó tiempo a alimentar su corazón. Y con un amor exuberante por Jesús que brotaba de su corazón, ella alimentó el mío, de manera que hoy y todos los días tengo la oportunidad de llamarla bienaventurada (Pr. 31:28).

Pequeñas decisiones que traen grandes bendiciones

1. Lee tu Biblia todos los días.

Cada vez que lo haces oyes la voz de Dios y sus instrucciones personales y directas para ti. La Biblia es el libro de crianza por excelencia, y si acudes a él descubrirás que son ciertas las palabras de Isaías 30:21: "Este es el camino, andad por él". La Palabra de Dios te guiará a cada paso a lo largo del día.

¿Tu esposo se ausenta mucho del hogar, o no puedes contactarlo en caso de emergencia? O ¿tal vez ha decidido no involucrarse en la crianza de los hijos? ¿O está demasiado ocupado? Toda madre pasa por circunstancias similares en alguna etapa de su maternidad. No obstante, cuando eso sucede, la instrucción fiel, segura y perfecta de la Palabra de Dios está siempre disponible para mostrarte con exactitud lo que debes hacer. Léela, al menos durante unos minutos al día y tu conocimiento se multiplicará tanto, ¡que te asombrará lo rápido y bien que aprendes a manejar la maternidad según el modelo divino! (Con el fin de ayudarte a poner en práctica esta decisión que trae la mayor bendición, incluí un "Calendario de tiempo a solas con Dios" al final del libro, para que marques los días de lectura bíblica. Te animará ver lo que has leído).

2. Aprende de los padres de la Biblia.

A medida que lees tu Biblia, encontrarás modelos de padres y métodos de crianza tanto buenos (como Ana, María y José) como malos (Elí, Isaac y Rebeca). Por medio de ellos puedes aprender qué hacer y qué no hacer como madre. Procura anotar lo que aprendes y redactarlo como un principio. (Por ejemplo, respecto a Isaac y Rebeca, el principio podría ser simplemente: "Nunca tener favoritismos"). Estos principios bíblicos te guiarán por muchos años.

3. Empieza a decir *no*.

La lectura de la Palabra de Dios te capacita y te da la fortaleza necesaria para ser una madre amorosa, pero también firme. Es difícil permanecer firme ante la presión y decir *no* al mundo, a otros, a tu hijo. También es difícil decir *no* a ti misma y a tu carne para levantarte temprano, acostarte tarde y atender en medio de la noche toda clase de situaciones (¡que son parte de nuestra labor de madres!). Es allí que la fortaleza resulta imprescindible, la fortaleza espiritual, mental, emocional y física.

Amada madre fiel, la fortaleza de Dios vendrá en tu ayuda siempre que la necesites para seguir y perseverar en tu deber en cumplimiento de su voluntad. La fortaleza que recibes de Dios para decir *no* a todo aquello que lo deshonra a Él o perjudica a tus hijos te ayudará a cada paso de tu labor como madre.

4. Disfruta los buenos momentos.

La crianza fiel es un arduo trabajo. Sin embargo, es un "trabajo de amor", y sin duda alguna, también una decisión que trae las mayores bendiciones para el corazón de una madre.

Debo admitir que en ocasiones pareciera que nunca habrá descanso, que nunca lo lograrás, que todo se perderá y que no hay esperanza ni luz al final, que las cosas parecen empeorar en lugar de mejorar. Por eso debes disfrutar esos momentos de paz, de dicha, de sosiego y amor que ocurren a lo largo del día. Ya sabes, esos momentos en los que todo anda bien, todo sucede como tú y el Señor lo quieren, cuando los niños son encantadores, agradables, alegres y amorosos.

Dale muchas gracias a Dios por esos buenos momentos. Guárdalos en tu corazón. Disfrútalos al máximo. Y recuérdalos por siempre apuntando en un cuaderno especial, un álbum, o un libro de recuerdos. Hacerlo te permitirá tenerlo presente una y otra vez siempre que necesitas algo de esperanza y rememorar los buenos tiempos. Recordarlos te animará a seguir en días en los cuales te sientes tentada a cuestionar si vale la pena tanto esfuerzo. Tenerlos presentes traerá gozo a tu corazón… lo cual renovará tu día y tu compromiso con la misión que Dios te ha confiado de "instruir" a tus hijos en Él.

5. Rehúsa darte por vencida.

Graba esta "pequeña decisión" en tu corazón, en tu mente, ¡y en tus músculos! Aunque no tengas una sola persona (esposo, o madre, o suegra, o hermanas, o grupo de apoyo, o amigos o tutores) que te ayude, te afirme o te felicite, Dios exclama: "Bien, buena y fiel madre" (Mt. 25:21). Cuando dedicas tiempo a alimentar tu corazón con la Palabra de Dios recibes, ¡directamente de Dios! el aliento que necesitas para seguir adelante.

2

Enséñales a tus hijos la Palabra de Dios

Y estas palabras que yo te mando hoy, estarán sobre tu corazón;
y las repetirás a tus hijos, y hablarás de ellas estando en tu casa,
y andando por el camino, y al acostarte, y cuando te levantes.

Deuteronomio 6:6–7

h, ¡la dicha de tener un bebé! Tener por fin alguien a quien amar, cantarle canciones de cuna y rondas, leerle rimas, alguien a quien puedes enseñarle todo lo que sabes. ¡Y qué dicha escuchar un día una vocecita que canta, recita y lee!

Crecí con unos padres que eran admirables y consagrados profesores de escuela. Mi padre enseñaba educación vocacional, y mi madre era maestra de inglés. Ella era una madre grandiosa y entusiasta, especialmente en lo que respecta a leerles a sus hijos. Nunca se cansó de leernos a mí y a mis tres hermanos. Y a lo largo del día tenía siempre a flor de labios partes de un poema o de una rima que sabía de memoria. Así que tal vez puedas imaginar lo que empecé a hacer al convertirme en madre de dos niñas pequeñas. Empecé a leerles poemas para niños, a cantarles el repertorio clásico infantil y a cantar con ellas.

El punto de partida de una madre conforme al corazón de Dios

Luego, el gran milagro ocurrió, y por la gracia de Dios ¡me hice cristiana! Después de 28 años de vagar en mi vida personal y de probar todo lo imaginable (la última moda o capricho, filosofía, psicología, religiones orientales, superación personal y demás), escuché el evangelio de Jesucristo… y Dios por su gracia abrió mi corazón para creer en Él.

El instante que tardé en pensar, orar, responder al llamado y creer, ya era una nueva criatura en Cristo (2 Co. 5:17). ¡Había nacido de nuevo (Jn. 3:3)! Dios me dio un nuevo corazón y una nueva vida, ¡lo que solo Él puede dar! Y esa fracción de segundo en la que puse mi confianza, mi corazón y mi vida en Jesús, es el comienzo, el punto de partida de toda madre conforme al corazón de Dios y el tuyo también, amada madre.

Y mi vida cambió al empezar Dios su obra transformadora… lo cual significó también un cambio para mis hijas. Primero que todo compré una Biblia. ¡Me apasioné leyéndola y la devoré! ¡Tenía un hambre voraz… y estaba tan sedienta! Hasta entonces mi vida había sido inútil, y carecía de esperanza y propósito. Y Dios vino en mi ayuda, y me puso sobre un fundamento firme. Me sentí como David cuando escribió: "[Dios] me hizo sacar del pozo de la desesperación, del lodo cenagoso; puso mis pies sobre peña, y enderezó mis pasos" (Sal. 40:2). Así que leí… y leí… y leí sin cesar mi Biblia nueva, una y otra vez, año tras año. Puse marcas en ella. Memoricé pasajes. Y la estudié de principio a fin.

El otro cambio que ocurrió como una "madre conforme al corazón de Dios" fue que también empecé a enseñarles a mis pequeñas acerca de Dios. Lo hice por Deuteronomio 6:4–12.

¡Este pasaje marcó para siempre mi maternidad! Estudiamos en el capítulo anterior estos versículos, pero cabe recalcar en este punto el versículo siete:

> Y las repetirás a tus hijos, y hablarás de ellas estando en tu casa, y andando por el camino, y al acostarte, y cuando te levantes.

A través de este versículo Dios me habló sobre el corazón de mis hijas. Por medio de esta palabra me delegó la tarea como madre conforme a su corazón. ¡Él quería que yo fuera también una maestra conforme a su corazón! Y su mensaje es también para ti. Deuteronomio 6:7 nos enseña…

El alma de un niño es la más bella flor que crece en el jardín de Dios.[1]

—*¿Quién* ha de enseñar? Todo padre creyente.
—*¿A quién* has de enseñar? A tus hijos.
—*¿Qué* debes enseñar? La Palabra de Dios.
—*¿Cómo* debes enseñar? Con diligencia.
—*¿Cuándo* debes enseñar? Todo el día, todos los días.
—*¿Dónde* debes enseñar? En la casa y en todas partes.

Espero que nuestra reflexión alrededor de la crianza de los hijos para que amen a Dios, y a la importancia de enseñarles su Palabra te anime a centrar tu vida en el Señor e invertir tu tiempo y fuerzas en Él. Ya sabemos como madres que debemos amar al Señor y su Palabra. Estamos llamadas a ser las *mujeres* que Dios quiere y Él nos capacita para serlo. Así empiezan las instrucciones de Dios para los padres: "Estas palabras que yo te mando hoy, estarán sobre *tu* corazón" (Dt. 6:6). Cuando esto es una realidad en nosotras, podemos enseñar con eficacia la Palabra de Dios a nuestros hijos.

Bases de la educación cristiana

¿Crees que te hace falta un diploma, méritos o experiencia para hacer lo que Dios demanda en su Palabra a las madres que viven para Él? Bueno, ¡tengo para ti gratas noticias! ¡Claro que no! Lo único que necesitas es un corazón que anhela responder al llamado de Dios para ti expresado en Deuteronomio 6:7. Lo único que exige Dios de ti es un corazón que anhele seguirle y obedecer su mandato de enseñar a tus hijos. Como puedes ver, Él espera que las madres que viven para Él cumplan esta labor vital:

> *Quien enseña la Biblia nunca es un experto, sino siempre un estudiante.*

Hijo mío… no abandones *la enseñanza de tu madre* (Pr. 1:8 y 6:20).

Las palabras del rey Lemuel, las declaraciones con que *lo instruyó su madre* (Pr. 31:1).

Parece que según la Biblia el deber primordial de un padre cristiano es la instrucción. La Palabra enseña que si amas a tus hijos debes instruirlos… y mientras más pequeños mejor. Por consiguiente, amada madre, enséñales a tus hijos pequeños… sin excusas. Las madres siempre me dicen: "Pero mis hijos no quieren tener un tiempo devocional. No quieren sentarse y escuchar la Biblia o libros de historias bíblicas". Y mi respuesta es siempre la misma: "Dale a tus hijos lo que necesitan, no lo que quieren". Tú eres el adulto. Tú sabes lo que más les conviene y la sabiduría que necesitarán en el futuro. También estás a cargo de todo como "la delegada de Dios". Tú tienes un "mandato de actuar"[2] y enseñar. Esto no significa que no debas esforzarte porque tu enseñanza sea amena e interesante. Pide consejo e ideas de otras madres y de los maestros de escuela dominical. Revisa también libros y juegos para que tu enseñanza sea un tiempo fructífero y divertido.

Tu enseñanza fiel a tus hijos establece una base de información (la verdad de Dios) a partir de la cual pueden edificar una vida conforme a la voluntad divina. Tu instrucción los capacita para actuar en la vida con sabiduría y les ayuda a evitar muchos errores y penas. Por lo tanto, una madre sabia se asegura que todos los días sus hijos escuchen la instrucción de la ley de Dios, la Palabra de Dios.

Desde la cuna hasta la tumba

¿A partir de qué edad debe una madre conforme al corazón de Dios empezar a enseñarle a su pequeño? Al estudiar Deuteronomio 6:7, encontré el siguiente principio basado en las costumbres judías: "La vida de un judío es religiosa desde la cuna hasta la tumba. En la habitación de la madre y el recién nacido el rabino pone un pergamino con el Salmo 121 en hebreo".[3] Este Salmo en particular ofrece una firme seguridad de que Dios es nuestro ayudador, guardador, protector y preservador siempre.

Imagina el corazón, la fe y la emoción de la madre que sostiene a su bebé y ora por su recién nacido con el Salmo 121: "Jehová es tu guardador… es tu sombra a tu mano derecha… te guardará de todo mal; él guardará tu alma… Jehová guardará tu salida y tu entrada desde ahora y para siempre… No dará tu pie al resbaladero, ni se dormirá el que te guarda. He aquí, no se adormecerá ni dormirá el que [te] guarda" (vv. 5–8, 3–4).

Te contaré un testimonio conmovedor de una madre con un corazón dispuesto a enseñarle a su hijo la Palabra de Dios "desde la cuna". Lo escuché en un almuerzo al que asistí y cuyo fin era recaudar fondos para un centro de atención para futuras madres en riesgo. En aquella reunión la mujer encargada conmovió a toda la audiencia con el relato de una jovencita soltera y embarazada que llegó a conocer a Cristo gracias al ministerio de aquel centro de atención.

La futura madre, perdonada y agradecida, empezó a memorizar

> *¿Quién es el más instruido? Aquel que aprendió primero de su madre.*
>
> El Talmud

versículos bíblicos para sí misma... y luego comenzó a pensar en el bebé que venía en camino. Se dispuso a proclamar y recitar los versículos a la personita que había en su vientre y a quien todavía no podía ver.

A medida que se aproximaba la fecha del parto, a esta jovencita (encaminada a convertirse en una mujer conforme al corazón de Dios) le permitieron llevar su lista de versículos para memorizar a la sala de partos donde daría a luz. ¿Por qué hizo una solicitud semejante? Porque deseaba que el primer sonido que su bebé escuchara al nacer fuera la Palabra de Dios. Su anhelo era sostener en brazos a su recién nacida, leerle en voz alta y enseñarle la Palabra de Dios desde el primer instante, y que esas fueran las primeras palabras que la criatura escuchara.

¡Vaya que es una madre conforme al corazón de Dios! Jamás será demasiado pronto para que una madre *enseñe con diligencia la Palabra de Dios a sus hijos.*

Cómo "afilar" el corazón de un hijo

¿Qué significa exactamente enseñar con diligencia los mandatos divinos? Algunos dicen que esta instrucción de Deuteronomio 6:7 podría traducirse: "*Y las 'afilarás' a tus hijos*". En términos espirituales, "afilar" significa repetir con frecuencia la Palabra de Dios, inculcar de todas las formas posibles las Escrituras en sus mentes y lograr que penetren en sus corazones.

Veamos cómo funciona. Sabemos que para afilar un cuchillo primero se toma un lado, luego se voltea por el otro y se le propinan múltiples golpes, lenta y sistemáticamente, sobre la piedra de afilar. De igual forma, los padres fieles deben enseñar la Biblia a sus hijos con esmero y constancia. Su objetivo es afilarlos espiritualmente, impartir en sus vidas un filo de rectitud[4]. El esfuerzo reiterado de unos padres piadosos alentará en sus hijos el apetito por la "leche" y con el tiempo, el "alimento sólido", la carne de la Palabra de Dios (He. 5:12–14 y 1 P. 2:2).

Pero ¿cómo puedo hacerlo?

Dios no solo nos manda enseñarles a nuestros hijos, sino que también es fiel en decirnos *cómo* y *qué* debemos enseñar.

Instrucción verbal. Lo primero que aparece en Deuteronomio 6 es la instrucción verbal, audible: "Y las repetirás a tus hijos" (v. 7). Hablaremos acerca de la instrucción verbal e informal en el siguiente capítulo donde estudiaremos lo que significa "hablar" la Palabra de Dios. Sin embargo, quiero centrarme por ahora en la enseñanza formal y verbal de la Biblia.

El currículo que las madres han de enseñar es, ante todo, la Biblia. Así como la escuela de los judíos se denominaba "la casa del libro"[5], tu hogar debe ser también "la casa del Libro". Resulta provechoso apartar un tiempo y programarlo para la lectura de la Biblia, para leer en voz alta un pasaje bíblico. No interesa la duración. Unos minutos al día dejarán una huella profunda en tu familia. Puedes leer pasajes de Salmos o de Proverbios, un Evangelio (Mateo, Marcos, Lucas, Juan), o cualquier libro de la Biblia… o también algunos versículos de un capítulo específico. En todo caso, no dejes de hacerlo.

Y no te afanes por el posible provecho que tus hijos saquen de tus lecturas bíblicas. Ellos captan la experiencia de primera mano al ver tu amor por la Biblia y tu consagración absoluta a Dios y a su Hijo. Ellos se darán cuenta de que la Palabra de Dios es importante para ti… y por ende

*O*ra: "Gran Maestro, Dios, ¡haz de mí la maestra que anhelo ser!"[6]

cobrará importancia para ellos. También tendrán la oportunidad de escuchar las Escrituras. Y, como enseña la Biblia: "la fe es por el oír, y el oír, por la palabra de Dios" (Ro. 10:17). Los miembros de tu familia también llegan a conocer y respetar la Biblia, y esto les ayudará a amar y poner en práctica la Palabra de Dios a medida que crecen.

Instrucción visual. Dios también recalca la importancia de la enseñanza visual y de los recordatorios. Con respecto a sus mandamientos, Dios le ordenó a su pueblo en los tiempos de Moisés: "Y las atarás como una señal en tu mano, y estarán como frontales entre tus ojos; y las escribirás en los postes de tu casa, y en tus puertas" (Dt. 6:8–9). Para obedecer estas instrucciones el pueblo de Dios ataba pequeñas cajas en sus manos y cabeza, que contenían pasajes de la ley de Dios. También escribían frases de la Tora en los dinteles y postes de sus puertas. Servían para recordarles al "Huésped invisible del hogar cuya presencia debe gobernar y santificar todos los actos y las palabras que allí se manifiestan".[7]

Hoy día, como creyentes del Nuevo Testamento, no estamos obligados a seguir de manera literal estas pautas, ya que la Palabra de Dios penetra en nuestro corazón. Es "escrita no con tinta, sino con el Espíritu del Dios vivo; no en tablas de piedra, sino en tablas de carne del corazón", hecha no de piedra sino de carne (2 Co. 3:3). No obstante, los recordatorios visuales de la Palabra de Dios aún tienen su utilidad. Por ejemplo...

> He conocido adolescentes que llevan un "anillo de pureza" en su dedo anular como recordatorio de su compromiso de permanecer puros hasta el matrimonio, de "apartarse de fornicación", y de mantener sus cuerpos "en santidad y honor; no en pasión de concupiscencia, como los... que no conocen a Dios" (1 Ts. 4:3–5). He visto que otras personas (adultos, jóvenes y niños) lucen brazaletes con las

iniciales "QHJ" para recordar que deben siempre, en toda circunstancia, hacerse esta pregunta: "¿Qué haría Jesús?"

Una mamá con hijos adolescentes colgó una placa en el marco de la puerta de su cocina con la cita de consagración de Josué a Dios: "Pero yo y mi casa serviremos a Jehová". Ella me comentó: "Los miembros de mi familia tal vez pasen por la entrada de la cocina cientos de veces a diario. Ver este versículo nos ofrece cientos de recordatorios valiosos de Aquel a quien servimos" (Jos. 24:15).

Tanto adultos como niños exhiben placas, afiches y cuadros en sus habitaciones en casa, en sus computadoras y en sus lugares de trabajo con oraciones bíblicas y versículos de las Escrituras. En nuestra casa he colgado una serie de cuadros que bordé con pasajes bíblicos.

Estoy segura de que puedes también aplicar la instrucción visual y los recordatorios de nuestro gran Dios, ¡hazlo por favor! Pero ¿qué digo? ¿qué nos dice más bien Dios como padres y madres en Deuteronomio 6:7? Ya tenemos la respuesta. Él nos manda a "repetir" su Palabra y sus mandatos a nuestros hijos, "inculcarlas"[8] en sus corazones y mentes.

Respuesta del corazón

Como madre, a nadie sobre amas tanto como a tus hijos (¡y al padre de ellos, por supuesto!). Enseñarles acerca de Dios y sus caminos no es una opción. Dios te ordena y autoriza para enseñarles su Palabra de manera constante y determinada, todo el día, todos los días, en casa… y en todas partes. ¡Eres una madre con una misión! Por lo tanto, instruir a tus seres más queridos en el

conocimiento del Dios a quien amas por sobre todas las cosas debe
ser, o convertirse, en una pasión y un deleite.

Y si comienzas a preguntarte cuánto debes enseñar, o vacilas en
tu enseñanza, ¡recuerda que *nunca* será de más lo que aprendan de
la Biblia! Planea entonces un horario de instrucción de en la Palabra
de Dios y sus principios. Aun si ya es tarde, empieza ahora mismo.
Si tus hijos son mayores y se preguntan "¿Qué le pasó a mamá?",
sé valiente. Cuéntales que un cambio maravilloso ha ocurrido en
tu corazón y que ahora deseas apartar un tiempo para leer la Biblia
porque a ellos también les hará bien.

Madre, la etapa por la que atraviesa tu vida o la de tus hijos
carece de importancia. ¡Lee, y nada más! Lean la Palabra de Dios
juntos hasta que ellos se familiaricen con ella, y la Biblia se convierta
en una compañía estimada y una guía en la cual depositan su
confianza. Léeles la Palabra hasta que, con la ayuda de Dios, quede
escrita y grabada, como una marca o un sello en sus corazones (Pr.
3:3). Un niño conforme al corazón de Dios se desarrolla y forma
a medida que la Palabra de Dios se graba en su corazón, mente y
carácter. Como lo expresó un poeta:

> Ningún torrente podrá borrar lo que escribas en el corazón
> de un niño. La arena puede moverse cuando las olas se
> encrespan, y los esfuerzos del tiempo pueden declinar.
>
> Algunas historias pueden fenecer, y las canciones quedar
> en el olvido. Pero esta marca grabada, el tiempo no puede
> cambiar. Todo lo que escribas en el corazón de un niño…
> subsistirá allí inmutable.[9]

Del corazón de un padre

¡Qué privilegio tan maravilloso tienes como madre conforme al corazón de Dios! No solo has recibido la bendición de traer hijos al mundo, ¡sino también de criarlos en disciplina y amonestación del Señor! Así que sin importar la condición espiritual de tu esposo, debes hacer todo cuanto esté a tu alcance para enseñarles a tus hijos acerca de Dios, con las siguientes consideraciones en mente.

Si tu esposo no es creyente, recuerda ser discreta en tus enseñanzas. No seas una esposa cristiana importuna. No uses de manera intencionada a tus hijos para inclinar a tu esposo hacia alguna clase de fe. Si los niños están contentos con lo que les enseñas y de manera espontánea lo comunican a su padre, deja que el Espíritu Santo haga su obra a través del entusiasmo de ellos. De lo contrario, instruye a tus hijos en los caminos del Señor en lo secreto y en silencio. Tienes muchas oportunidades mientras tu esposo está ausente o cuando está ocupado en casa. Esta instrucción debe también demostrarse por medio de tu respeto afectuoso hacia el padre de tus hijos, cualesquiera sean sus creencias acerca de Dios.

Si tienes un esposo creyente, ¡da gracias a Dios todos los días por ese hombre! Eso facilita tu tarea de enseñar. La mayoría de los hombres están ocupados en suplir las necesidades de su familia, así que no siempre piensan en la enseñanza que acarrea la paternidad. Yo sé que Elizabeth fue muy diligente en ayudarme a cumplir mi parte en la instrucción de nuestras hijas. Todas las mañanas ella ponía la Biblia y nuestro libro devocional en el lugar donde me sentaba a la mesa para desayunar. La lectura del día estaba bien marcada, solo en caso de que yo olvidara la secuencia del día anterior. Ella siempre organizaba todo temprano de tal manera que tuviéramos un tiempo devocional familiar antes de que todos saliéramos en la mañana a lugares diferentes.

Luego, al llegar por la tarde de trabajar, Elizabeth programaba mi tiempo con las niñas como parte de mi ritual nocturno. No me presionaba. Solo me recordaba sin palabras mi responsabilidad de funcionar como un "equipo" de maestros en la instrucción de nuestras niñas.

¿Qué te parece apartar un tiempo con tu esposo para discutir la función de cada uno en la emocionante tarea de enseñar a los hijos acerca de Dios? ¡La recompensa es grande! ¡Soy tan privilegiado al ver que ahora mis hijas y sus esposos repiten muchas de las prácticas que mi esposa (su madre) probó conmigo! ¿Y qué de la recompensa suprema? Mis nietos también escuchan la Palabra de Dios no solo de sus madres sino también de sus papás.

*P*equeñas decisiones que traen grandes bendiciones

1. Lee tú misma a diario la Palabra de Dios.

¡Oh, amada madre! Tu propio amor por las Escrituras y tu conocimiento de ellas será la fuerza que impulsa tu deseo de comunicarlas a tus hijos y tu fiel cumplimiento del llamado de Dios. Si la Palabra de Dios llena tu corazón, ¡estarás ansiosa por comunicar la verdad más importante del mundo a tus pequeños y a los grandes también! A medida que te enamoras más de la Palabra de Dios, querrás que tus hijos experimenten lo mismo. Recuerda pues que la primera y pequeña decisión de tu lista de quehaceres diarios es llenar tu propio corazón, refrescar tu alma y fortalecerte en un tiempo a solas con tu Biblia. Decídete a hacerlo por ti misma... y por tu familia.

2. Lee primero la Biblia.

Como madre de familia atareada y ocupada en múltiples tareas, hay muy poco tiempo que puedes encontrar para leer con tus hijos. Así que cuando tengas ese precioso (¡y programado!) tiempo, asegúrate de considerar la Biblia como el libro más importante del mundo. Después de todo, ¡es *el Libro!* Aun si lees libros cristianos y literatura a tus pequeñines, cerciórate de considerar la Biblia como el libro más importante que jamás escucharán o leerán. Y si solo tienes tiempo para leer un libro, ya sabes qué hacer: ¡Eliges la Biblia! Otros libros, por buenos, sanos y provechosos que sean, sencillamente no son la Palabra de Dios. Hablan acerca de ella, o se basan en ella. Nada puede reemplazar las Escrituras inspiradas, escritas por Dios mismo (2 Ti. 3:16). Solo la Palabra penetra y tiene poder, y es "más cortante que toda espada de dos filos" (He. 4:12). Y solo la Palabra es "útil para enseñar, para redargüir, para corregir, para instruir en justicia, a fin de que el hombre de Dios sea perfecto, enteramente preparado para toda buena obra" (2 Ti. 3:16).

Y aquí hay algo más: Cerciórate de que tus hijos tengan una Biblia, sin importar su edad. Ellos pueden ponerla sobre la mesa, llevarla a la iglesia, a lo largo del día, dormir con ella… ¡sepan leerla o no! (¡Y qué maravilloso regalo para un bebé antes de nacer!)

Y algo más: Lee la Biblia a tus niños a cualquier edad. Recuerda, incluso un bebé responde a la voz de su madre. Si empiezas desde que son pequeños, tus hijos nunca sabrán lo que es pasar la vida sin escuchar siquiera una lectura de la Biblia.

3. Lee libros cristianos en familia.

Pide libros cristianos que refuerzan e ilustran las verdades de la Biblia. Búscalos en la librería de tu iglesia o pídelos prestados a tus amigos. Busca todo lo que se centre en la Biblia y sea adecuado para las edades de tus hijos. A todo niño, y aun adolescente, le agrada escuchar relatos de los "superhéroes" de la Biblia. A los niños les encantan las versiones en rima de la Biblia y sus emocionantes verdades. Lee estos libros muchas veces con tus hijos hasta que se conviertan en sus predilectos y sus mensajes en un punto de referencia para sus actos, sus decisiones y su carácter. Procura leerles durante las comidas, las meriendas, después de la escuela y a la hora de dormir. De nuevo, sabe que nunca será demasiado lo que tus pequeños y tus grandes, reciban de la Biblia. Con el tiempo, quizá desees armar tu propia biblioteca de títulos favoritos.

4. Lee a todos en casa.

¡Que nadie en casa quede excluido! No te afanes por la edad de tus hijos. Y si algunos de sus amigos están presentes, inclúyelos también. Acomoda a todos los niños en la habitación, sobre la cama, el piso, el sofá, o en la mesa, ¡y ponte a leer! En una de mis fotografías de familia predilectas mi yerno aparece leyéndoles a cinco de nuestros nietos en una de sus camitas. Pablo los abraza a todos, niños de diferentes edades recostados unos contra otros... y atentos a cada palabra que sale de su boca. Titulé la fotografía "El club bíblico de Pablo". Él lo hace todas las noches con sus hijos, y siempre se muestra fiel y feliz de invitar a todos los miembros de la familia cada vez que nos reunimos.

5. Lee Proverbios.

Dios establece el propósito del libro de Proverbios justo en el primer capítulo, versículo cuatro: "Para dar...a los jóvenes inteligencia y cordura". A partir de ese punto, Salomón (el autor) dice "hijo mío" por lo menos 23 veces. Como puedes ver, Salomón escribió el libro de Proverbios para enseñarle a su joven hijo sabiduría, para instruirlo en las disciplinas necesarias para vivir. Enséñales pues a tus hijos Proverbios como un regalo. Bríndales sabiduría de lo alto. ¿Cómo? Lee en voz alta Proverbios cada vez que se presente la oportunidad.

3

Háblales de Dios a tus hijos

*Y estas palabras que yo te mando hoy, estarán sobre tu corazón;
y las repetirás a tus hijos, y hablarás de ellas estando en tu casa y
andando por el camino, y al acostarte, y cuando te levantes.*

DEUTERONOMIO 6:6–7

ómo es tu día típico? Está repleto de *ocupaciones*
¿cierto? Con todo, a pesar de la agitación, es también probable
que sigas algún tipo de horario o rutina. Para la mayoría de
las madres, los días comienzan con el sonido del reloj despertador…
o el llanto de un bebé. ¡Luego empieza el torbellino de actividades!
Hay que despertar a otros, preparar el desayuno, organizar la salida
de cada uno hacia el trabajo o la escuela, realizar labores domésticas,
sin mencionar las diligencias pendientes, la preparación de la cena,
buscarlos en el auto, actividades extracurriculares para todos,
educación en casa… y tal vez hasta tu propio empleo.

Bueno, en medio de tantos afanes, ¡y más! Dios te ayuda a
realizar dos actividades simultáneas. Cada aspecto de tu vida

personal y familiar merece tu atención, pero lo mismo es cierto con respecto a enseñar a tus hijos acerca de nuestro maravilloso Dios Todopoderoso. ¿Cómo puede una madre abrumada de trabajo llevar a cabo dicha tarea mientras intenta cumplir con una agenda tan apretada y exigente? Bueno, ¡gracias a Dios que nos ayuda y ofrece su solución llena de sabiduría! Él dice:

> "Y estas palabras que yo te mando hoy, estarán sobre tu corazón; y las repetirás a tus hijos, y *hablarás* de ellas estando en tu casa, y andando por el camino, y al acostarte, y cuando te levantes" (Dt. 6:6–7).

Dios no pide que tengas un talento, o un adiestramiento, o un diploma, o habilidades especiales para instruir a tus hijos en los caminos del Señor. No, sin importar tu experiencia, educación o crianza, tú puedes guiar los corazones de tus pequeños (¡y grandes!) a Dios. Lo único que debes hacer es *hablar* acerca de Él todo el día. Solo tienes que hablar de Dios en el transcurso del día, al compás de la vida hogareña normal (¡aunque caótica!). (A propósito, "hablar" es algo que las mujeres hacemos muy bien. ¡Y que Dios nos pide hacer por Él y por el bien de nuestros hijos!)

¡Habla!

Dios nos comunica sus instrucciones para las madres de manera clara y sencilla. Él dice: "*les* hablarás de ellas". ¿A qué se refiere con *ellas*? "Estas palabras que yo te mando hoy" (v. 6). Y ¿a quiénes debes hablar? En primer lugar, a tus hijos… y a todo el que escuche. Con estas instrucciones Dios te pide a ti, y a todas las madres piadosas, que se dediquen sin cesar a Él y a sus enseñanzas. Y ¿cómo hacerlo? ¡Fácil! Solo tienes que *hablar* de Dios con tus hijos *mientras* vives el apuro y la locura de cada día.

Al fijarnos de nuevo en el ejemplo judío, vemos que para los hebreos la religión era parte inherente de la vida. Y el motivo de su éxito radicaba en que su educación religiosa se orientaba a la vida práctica, no a la mera adquisición de información. Ellos usaban la realidad de la vida cotidiana como un sinfín de oportunidades para enseñar acerca de Dios y hablar de Él. Se propusieron relacionar cada aspecto de la vida con Dios, e inculcar en los corazones de sus hijos sus enseñanzas.

¿Quieres que tus hijos amen a Dios? Entonces háblales de Él. Eso es todo. ¿Por qué hablar de Dios? Porque hablamos de aquello que valoramos. Y cuando no hablamos de Dios, les hacemos saber que en realidad Él no es importante. Permite por tanto que Dios haga parte de tu vida cotidiana y de tu conversación. Habla de Él y de sus designios. Habla de su Palabra y de su Hijo. Habla de las maravillas de su creación. El hecho de hablar permitirá que Dios esté presente en la vida cotidiana de tus hijos y en sus conversaciones.

> *Tener hijos consagrados requiere padres consagrados.*

Toma pues nota: Dios te ordena consagrarte a enseñarles a tus hijos con diligencia a fin de que lo vean a Él en cada aspecto de la vida, no solo en los asuntos de la iglesia. Tu enseñanza debe estar presente sin importar el lugar donde te encuentres con tus hijos.

¿Qué sucederá entonces? ¡Nunca se sabe! No obstante, hay algunas certezas. Cuando hablas de Dios:

- ꙮ Lo honras y glorificas.
- ꙮ Obedeces su instrucción de hablarles de Él a tus hijos.
- ꙮ Experimentas una gran satisfacción espiritual al centrar tu corazón en Dios y en tu conocimiento de Él.
- ꙮ ¡La probabilidad de afectar para bien a tu familia y de contagiarla con lo que comunicas es altísima!

Como dije, nunca sabes las maravillas que ocurrirán gracias a tu obediencia fiel a Dios, ¡así que habla! Se sabe que el ilustre y elocuente predicador Dr. G. Campbell Morgan tenía cuatro hijos, y que todos llegaron a ser ministros. En una reunión familiar, un amigo le preguntó a uno de los hijos: "¿Cuál de los Morgan es el mejor predicador?" Mirando directamente a su célebre padre, respondió: "Mamá". Era evidente que este hombre de Dios tuvo una madre piadosa que actuó conforme al corazón de Dios, según Deuteronomio 6:6–7… y habló.

Amada madre, ¡habla!

Habla día y noche

Dios te señala además *cuándo* hablarles a tus hijos. Debes hacerlo "estando en tu casa, y andando por el camino, y al acostarte, y cuando te levantes" (Dt. 6:7).

En otras palabras, mientras tú y tu familia se sientan en casa, mientras trabajas, descansas, comes… hablas del Señor. O cuando haces una pausa, acuestas a los niños, o cuando alguien tiene una pesadilla en la noche o está enfermo… habla del Señor. Y apenas te despiertes para recibir el regalo de un nuevo día glorioso que Dios te da… habla del Señor. Incluso si visitas a alguien o conversas con otros, o en tu andar diario, al hacer tus diligencias y cumplir con tus labores… habla del Señor. Aprovecha cada oportunidad para hablar con tus hijos acerca de lo eterno, de las sencillas y puras verdades y leyes de Dios. Por ejemplo…

¿Viste un arco iris hoy? ¿Hay cambio de estación? ¿Cayó nieve? ¿El cielo estaba despejado anoche y pudiste contemplar la luna y las estrellas? Comenta con admiración: "¡Solo Dios puede hacer un arco iris! ¡Es una señal de su bondad!... ¡Todo tiene su tiempo!... ¡Los cielos declaran la gloria de Dios!"

¿Quieres asignar, supervisar o premiar las tareas de tus hijos? Usa las enseñanzas de Proverbios y la ética laboral divina: "En toda labor hay fruto… la mano del diligente señoreará!"[1]

¿Vas a preparas una comida familiar o a arreglar la mesa con los niños? Recuérdales que Dios cuida de los suyos, y que promete suplir todas sus necesidades… siempre. Diles que nunca sufrirán hambre o sed, ¡y que también promete prepararles una mesa en presencia de sus enemigos!

¿Todos en tu hogar tienen buenas relaciones? Sean cordiales o no, habla sin cesar de las instrucciones divinas en cuanto a ser amables, hacer con otros (¡y con los hermanos también!) lo que quieren que hagan con ellos.

La Biblia dice que los justos (¡esa eres tú, mamá!) deben meditar todo el tiempo en las Escrituras. También, que es "bienaventurado" (¡tú también!) aquel que "en la ley de Jehová [encuentra] su delicia, y en su Ley medita de día y de noche" (Sal. 1:2). Y la Biblia te dice, preciosa madre conforme al corazón de Dios, que debes hablarles a tus hijos de Él día y noche.

Eso nos enseña Deuteronomio 6. Y eso quiere Dios que se cumpla en ti y en tu familia. Qué forma tan maravillosa de pasar cada día de tu vida, ¡deleitándote en el Dios que amas y hablando de Él sin cesar a quienes más amas!

Nunca es demasiado pronto…

Me sentí profundamente confrontada como joven madre (…¡que tuvo un inicio tardío en su maternidad cristiana!) después de leer un devocionario que empezaba con esta frase de un artículo de periódico: "La edad apropiada para iniciar a un niño en la carrera musical se ubica entre la cuna y el biberón". Seguí mi lectura y descubrí que un maestro de violín japonés de fama mundial pensaba que mientras más pronto se expusiera al niño a la música, mejor músico llegaría a ser. El Dr. Shinichi Suzuki declara: "Un niño puede imitar la música tal como imita los gestos". Luego recomendó: "Por esto es de suma importancia que los niños *solo escuchen buena música desde la más temprana edad*". Aunque el Dr. Suzuki acostumbra iniciar sus clases con estudiantes entre los 2 y los 4 años de edad, empieza a exponerlos a la música desde mucho antes[2].

En seguida pensé en mis dos pequeñas... de año y medio y dos años y medio de edad, cuando yo no era todavía una madre cristiana. ¡Cuánto anhelaba empezar a instruirlas en Cristo sin tardar! ¡No podía perder un solo segundo! Oré a Dios para que a pesar de haber iniciado tarde la educación cristiana en casa, ¡no fuera demasiado tarde!

Es decir, en aquel artículo leía acerca de un hombre, un maestro de música, decir que "es de suma importancia que un niño *solo* escuche buena música desde la más temprana edad", ¡para que solo imite lo mejor! Cuánto más importante, o más bien crítico, es que nuestros hijos que son fruto de la mente, el corazón y la mano de Dios solo escuchen lo bueno en nuestros hogares cristianos. El apóstol Pablo escribió acerca de Timoteo: "Que desde *la niñez* has sabido las Sagradas Escrituras" (2 Ti. 3:15). Mi oración es que lo mismo sea una realidad en ti y en tu amada familia. ¡Que tus hijos escuchen y aprendan acerca de Dios desde la niñez!

Todo lo anterior para decirte, amada madre, que empieces pronto. Nunca es demasiado pronto para empezar a comunicar la Palabra de Dios y enseñarla a tus pequeños. ¡Adelante... no ceses de hablarles!

. . . Y nunca es demasiado tarde

Ahora bien, nunca es demasiado tarde. Sabías que...

El noventa y uno por ciento de los adolescentes de 13 años, hayan o no sido instruidos en la verdad cristiana, ¿acostumbran orar a Dios como parte de sus actividades semanales y que la mayoría de adolescentes participan en alguna clase de actividad religiosa?

¿Nueve de cada diez jóvenes cree que Dios existe, y el 91 por ciento acepta el hecho de que toda persona tiene un alma eterna?

¿De 5 jóvenes, más de 4 quieren tener una relación cercana con Dios como un pilar en sus vidas?

¿Dos tercios de los adolescentes americanos están convencidos en alguna medida de que la Biblia es fiel en sus enseñanzas?[3]

Estos datos revelan que los adolescentes, e incluso los jóvenes universitarios sí quieren saber lo que deben creer y creer lo mismo que sus padres.

Amada madre, otros, ¡incluso el enemigo! se alegrarán diciéndote que es demasiado tarde para empezar a enseñarles a tus hijos ya mayores acerca de Dios. Sin embargo, nunca olvides que para Dios nada es imposible. Él será fiel en honrar y bendecir tu obediencia de seguir su Palabra.

Así que desde ya toma la determinación de empezar a hablar de los caminos de Dios "estando en tu casa, y andando por el camino, y al acostarte, y cuando te levantes". Entonces, Dios mediante, tus pequeños y grandes imitarán lo que han escuchado y aprendido de tu propio corazón y de tus labios acerca de tu Señor.

¿Qué tan importante es Dios para ti?

Hay, no obstante, un requisito esencial. Como madre y abuela acostumbro plantearme interrogantes, entre otros: ¿Qué tan importante es Dios y su Hijo para ti? ¿Qué tan importante es alimentar el carácter piadoso en tu vida? ¿Procuras vivir conforme a las normas divinas en tu familia?

Un autor publicó la siguiente información aterradora: "En una encuesta que leí les preguntaban a los padres…qué cualidad deseaban ver, por encima de otras, en sus hijos. La *inteligencia* encabezaba la lista, seguida de la *personalidad,* la *creatividad* y la *imaginación*". Luego se cuestionaba: "¿Qué pasó con la confianza, el amor, la fe, la honradez…? ¿Acaso no son estos los verdaderos componentes de la madurez?"[4]

Sé que resulta inquietante. A pesar de eso sigue adelante, hazte preguntas y responde, sobre todo las más difíciles. Piensa en lo que hablas con tus hijos. ¿Hacia qué los conduces? (Preguntas: "¿Qué pensarán los demás?" o "¿qué quiere Dios?") ¿Qué actividades son las que más premias? (¿Sobresalir en la escuela o ser amable con los hermanos?) ¿Qué logros te causan mayor emoción? (¿Las mejores notas escolares o un verso más que se aprende de memoria?) ¿En qué grupos los animas a participar? (¿En el equipo de porristas o en el grupo juvenil de la iglesia?) ¿Qué esfuerzos los alientas a realizar? (¿Fútbol y gimnasia o programas y clubes bíblicos en la iglesia?) ¿Qué logros te traen mayor satisfacción? (¿Un buen boletín de notas o un tiempo devocional diario a solas?)

No me malentiendas. Nada tiene de malo sobresalir en la escuela, o participar en programas y actividades escolares, o en deportes y

Sed imitadores de mí, así como yo lo soy de Cristo.
1 Corintios 11:1

actividades físicas. No obstante, fundamenta tus respuestas en la enseñanza de Deuteronomio 6:6-7. Después ora y realiza los cambios necesarios… ahora mismo. Recuerda que no es demasiado tarde para cambiar la dirección que le das a tu hogar. (En un momento relataré el giro total que yo misma realicé). No es demasiado tarde para decidir darle prioridad a la enseñanza de la Palabra de Dios, hablar de Él, incluirlo en cada detalle de la vida. ¡Hacerlo afectará la vida y el corazón de tus hijos!

Respuesta del corazón

Es evidente que debemos hablarle *a Dios* acerca de nuestros hijos. Sin embargo, debemos también hablarles a nuestros hijos *acerca de Dios.* Esa es la instrucción de Deuteronomio 6:6–7. Dios lo manda, y espera que les hablemos acerca de Él en todo tiempo. Como madres, nos pide aprovechar cada oportunidad y circunstancia para hablar de Él y de su Hijo.

¡Y ni hablar de la educación "en casa"! En la actualidad muchas madres han optado por educar a sus hijos en casa. De hecho, una de mis hijas ha elegido hacerlo con su hijo mayor. Aunque no sigas ese camino, sí estás llamada a hacerlo en las cosas del Señor. El hogar es la mejor escuela para enseñar los preceptos bíblicos que tu familia profesa. Y reitero que debes enseñar y hablar de Dios y de su Palabra a tus hijos todo el día… todos los días… tanto como puedas… y mientras puedas hacerlo.

¡Tienes un deber inaplazable! En el contexto de Deuteronomio 6, Dios expresa por medio de Moisés la imperiosa necesidad que tiene su pueblo de su Palabra. Era tan vital que le enseñó todo lo necesario para que conociera, guardara y recordara sus mandamientos. Su plan fue incluirlos en cada aspecto de su cotidianidad. Asimismo, que todos los padres los comunicaran a la siguiente generación...quienes a su vez debían pasarlo a la siguiente… y así sucesivamente.

> *Los principios morales y espirituales se transmiten mejor en el laboratorio de la vida.*[5]

Como puedes ver, tanto en aquel entonces como ahora, la educación espiritual es responsabilidad de los padres. Es indudable que otros pueden ayudar. Los buenos pastores, los maestros de escuela dominical, los líderes juveniles y los mentores pueden ayudar muchísimo. También las escuelas cristianas contribuyen a la enseñanza de la Palabra y los caminos de Dios. Sin embargo, *tú,* amada madre, eres la responsable de cumplir fielmente el mandato divino de enseñar y hablarles a tus hijos de Él, al igual que tu esposo si es cristiano. También eres tú quien debe poner en práctica la Palabra en tu vida diaria de hogar y por fuera de él.

Volvemos así al punto inicial, que precisamente comienza con *tu* amor por Dios: *"Amarás* a Jehová, tu Dios, de todo *tu* corazón, de toda *tu* alma y con todas *tus* fuerzas. Y estas palabras que yo te mando hoy, estarán sobre *tu* corazón" (Dt. 6:5–6). Este es el primer paso.

Y este es el segundo: "Y las *repetirás* a tus hijos, y les *hablarás* de ellas estando en tu casa, y andando por el camino, y al acostarte, y cuando te levantes". Y haciéndolo, amada amiga y madre, demuestras *tu* amor por Dios. Porque así lo declara su Hijo: "Si me amáis, guardad mis mandamientos" (Jn. 14:15).

Del corazón de un padre

Todavía recuerdo el día en que Elizabeth aprendió la importancia de cantar himnos y canciones de alabanza y de hablarles a nuestras niñas acerca de Dios. Ella llegó de su estudio bíblico para madres y de inmediato me contó lo que había aprendido. Al comenzar a seguir el consejo sabio y ponerlo en práctica, me asombró ver que las mentes de nuestras hijas eran como esponjas. Absorbían todo lo que les comunicábamos.

Después de convertirnos en una familia cristiana, me preocupó mucho descubrir que nuestras hijas, de uno y medio y dos y medio años, ya habían perdido parte de sus años más valiosos para la instrucción cristiana (como dijo Elizabeth, nunca es demasiado pronto para empezar a hablar de Dios).

No obstante, estoy muy agradecido porque por la gracia de Dios nunca es demasiado tarde. Aunque Elizabeth y yo sentíamos que nos habíamos quedado atrás en lo que respecta a la enseñanza espiritual, empezamos en ese mismo instante. Este es mi consejo para ti también. No te frenes por los errores o fracasos pasados, o por la falta de actividad. Dale gracias a Dios por lo que aprendes ahora… hoy mismo. Luego, con entusiasmo y fuerzas renovadas y llena de pasión por el Señor, empieza a hablar de Él. ¡Será inevitable contagiar a tu familia!

He aquí otra sugerencia: Si tu esposo está interesado y el momento es propicio (¡eso es muy importante a la hora de hablarnos a los hombres!), coméntale sobre este capítulo. Un padre puede ayudar mucho emocional, espiritual y físicamente a los niños y al hogar. Sin embargo, pareciera que toda su ayuda *espiritual* en el hogar valiera por dos. Cada vez que llega el padre a casa, los niños escuchan. Y como es el papá, ellos *realmente* están atentos a lo que hace y dice. De manera que, con amor, procura persuadirlo acerca de la importancia de hablar de Dios, de Jesús, de lo que significa ser cristiano. Pídele que hable. Créeme, ¡eso tendrá un efecto duradero en los niños!

En ocasiones es difícil para un hombre pensar en algo espiritual que pueda enseñar. (¡Ese era mi caso!). Una de las formas como logré participar en los "temas" cristianos que se trataban en mi familia, era ayudar a las niñas a memorizar sus versículos para los programas de la iglesia. Lo hice por más de una década. Todos los días las niñas y yo tratábamos de repetir "nuestros" versículos para memorizar. Aquello propiciaba conversaciones sobre el sentido de los versículos y la manera como podíamos aplicarlos a nuestra vida personal, en el hogar y en la escuela.

Déjame contarte otra experiencia. Hace un momento te conté cómo me hice cargo del tiempo devocional de la mañana. Muchas veces el tema del día también suscitaba una conversación muy animada a la hora del desayuno. También había ocasiones en las cuales la discusión continuaba en la cena.

Aun si tu esposo es un hombre más bien callado, pídele que te ayude en la instrucción espiritual cuando está en casa. Pídele que simplemente les hable de Dios a los niños. ¡Quizá el simple ejercicio de hablar de Dios en casa fortalezca su fe y su deseo de hacerlo también en su trabajo!

*P*equeñas decisiones que traen grandes bendiciones

1. Pídele ayuda a Dios para que tu sensibilidad a Él vaya en aumento.

Madre, la enseñanza divina en Deuteronomio empieza con tu corazón. Sigue con el llamado de transmitir a tus hijos ese corazón que tienes para Él. Pídele ayuda para que seas cada vez más sensible a Él, a su bondad, a su creación, a su amor por ti. Si quieres que tus hijos sigan a Dios, debes hacerlo partícipe de cada detalle de *tu* vida.

2. Decide hablar del Señor.

Crea un ambiente y un horario o rutina para enseñarles a tus hijos acerca de Dios y los principios de las Escrituras. Además, hazte el propósito de hablar de Él de manera intencional. Algo que me ayudado como madre (y como cristiana) es tratar de comenzar mis frases con la palabra "Dios" o "el Señor". Si lo haces, será muy probable que hables algo acerca del Señor o relaciones algún aspecto de la vida con Él.

3. Examina tu rutina diaria para buscar oportunidades.

¿Cómo transcurre la primera hora de la mañana? ¿Cómo puedes incluir a Dios en ese momento del día? ¿Cómo enfrentas la salida de todos por la mañana cuando van a estudiar o trabajar? ¿Qué podrías ofrecerles para tener a Dios presente a lo largo de la jornada? Nosotros acostumbrábamos orar en círculo frente a la puerta de entrada todos los días cuando el primer miembro de la familia salía… y luego nos abrazábamos.

¿Todavía hay niños pequeños en casa? ¿Cómo puede ser Dios el centro de su vida hogareña? Tal vez podrías proponerles versículos para memorizar e ilustrar con colores o rotuladores. Otra opción es poner un disco de himnos infantiles para escuchar durante el día. También puedes distribuir por toda la casa muchos libros cristianos para niños (y algunos de la biblioteca de la iglesia). ¿Usas vídeos en casa? De ser así, ¿cuentas con un repertorio cristiano para llenar aún más sus mentes con enseñanzas sobre Dios?

¿Tus hijos asisten a la escuela pública? En ese caso es un imperativo despedirlos con algún recordatorio de Dios. Envíalos al mundo exterior con una pequeña tarjeta, una calcomanía, un separador de libros o un versículo en su bolsa con el almuerzo. Y no olvides hacer una pausa para orar con ellos en el auto cuando los llevas a sus clases. Luego, en el momento de recogerlos, o al llegar a casa, pregúntales: "¿Qué bendiciones te dio el Señor hoy?"

4. Acuérdate de Dios a la hora de las comidas.

Piensa en tus comidas en familia. ¿Oras y agradeces por la comida, y les pides a tus hijos que participen? Una pequeña advertencia: Debes ser sensible a las preferencias de tu esposo. Si no es cristiano, no fuerces la situación. Solo cerciórate de orar con tus hijos, a cualquier edad, a la hora de la comida y de la merienda en ausencia de tu esposo.

5. Termina el día con Dios.

Y ¿qué del final del día? Aquí también debes estar atenta a lo que tu esposo prefiere hacer al final del día cuando está presente. Sin embargo, también es posible tener una pequeña charla espiritual con cada uno de tus pequeños, e incluso tus adolescentes, antes de ir a la cama. Recuérdales un versículo de memoria acerca de Dios. A mí me gustaba mucho terminar el día diciéndoles "Jesús te ama y yo también". ¡Y ahora hago lo mismo con nuestros pequeñines de la siguiente generación!

4

Háblales de Jesús a tus hijos

Así que, somos embajadores en nombre de Cristo,
como si Dios rogase por medio de nosotros.

2 CORINTIOS 5:20

ientras escribo me detengo a observar la carátula de un libro sobre mi escritorio. Presenta un gran tiro de arco con una flecha en el blanco. El tema del libro no se relaciona con el que nos ocupa en este momento. Sin embargo, la imagen del tiro de arco, la flecha y el blanco es justamente la idea del mensaje de este capítulo. ¡Así es! Hay muchas "cosas" que debemos hacer las madres para amar a nuestros hijos. De hecho, hablamos en este libro acerca de diez de ellas. Con todo, *la* más importante, "el blanco exacto", ¡es hablarles de Jesús!

Apúntale al corazón de tu hijo

En primer lugar, tenemos el blanco. Sé bien que tienes una vida polifacética. ¡También sé que cada minuto del día está repleto de retos y exigencias y que debes hacer muchas cosas a la vez! Tu lista de responsabilidades es larga, así como la de personas que están bajo tu cuidado. ¡En verdad la cantidad de papeles que debes asumir a diario es asombrosa!

Aún así, en medio de tantas ocupaciones, deseos y necesidades, debe existir este objetivo: Educarlos y darles a conocer a Jesucristo. Tú no puedes "salvarlos". Solo Dios puede hacer algo así. Ese es su trabajo. El tuyo, sin embargo, es instruir sus corazones en la verdad de Jesús y mostrarles lo mucho que lo necesitan. Debes hacer todo lo imaginable para hacerlos sensibles al Hijo de Dios y a su mensaje de salvación.

Quisiera agregar que *hablarles a tus hijos de Jesús debe ser para ti la prioridad absoluta y tu objetivo como madre.* Por supuesto que vas a amarlos, alimentarlos y orar por ellos. Sin embargo, como madre cristiana que ha recibido la salvación por medio del sacrificio de Cristo y la gracia de Dios, debes ser su mejor embajadora (2 Co. 5:20). Tú eres la representante de Cristo ante tus hijos, la portavoz de Dios. ¿Y cuál es el mensaje que debes comunicar? El mismo para el cual Pablo fue enviado según 2 Corintios 5: "Os rogamos en nombre de Cristo: Reconciliaos con Dios" (v. 20).

He aquí una pregunta que te hará pensar: ¿Cuál es para ti el objetivo de todo lo que haces por tus hijos? ¿Cuál es el propósito y la meta de ser padres? Examina por un momento tu vida y tus prioridades. ¿Qué te has propuesto enseñarles a tus hijos? ¿Cómo atar los cordones de sus zapatos? ¿Técnicas de cepillado y uso de la seda dental? ¿Buenos modales? ¿Cómo atrapar, rebotar, o patear una pelota? ¿Cómo sacar buenas calificaciones? ¿Cómo interpretar un instrumento? ¿Respetar a los demás y sus posesiones? La lista podría seguir. Con todo, a pesar de lo necesario que puede ser todo esto en la vida de tus hijos, lo que debes preguntarte sinceramente es: ¿Me preocupo por hablarles de Jesús? A menos que tú y yo nos levantemos cada mañana y sepamos con certeza: "Si hoy solo puedo hacer una cosa, será enseñarles a mis hijos acerca de mi Señor Jesús", estamos apuntando al blanco equivocado. ¡Apúntale al blanco!

Saber enfocar las verdades sobre Jesús

Luego vienen las flechas. ¿Cuáles son las flechas afiladas que queremos enterrar en sus corazoncitos?

Por supuesto que las Escrituras. La verdad. La Palabra de Dios. La Biblia. Y en especial, los relatos bíblicos acerca de la vida de Jesús. Enséñales a tus hijos acerca de Jesús, de sus milagros, enseñanzas, nacimiento, muerte y resurrección, de su relación con su Padre y los discípulos, de su bondad, de su vida perfecta y sin pecado.

Y ¿cuál es la mejor forma de llevarlo a cabo? ¡Es fácil! Léeles a tus hijos en voz alta, todos los días, pasajes de los cuatro Evangelios: Mateo, Marcos, Lucas, y Juan. Si tus hijos saben leer, también pueden hacerlo por sí mismos. Invítalos también a escribir y memorizar versículos como: "Jesús le dijo: Yo soy el camino, la verdad y la vida; nadie viene al Padre sino por mí" (Jn. 14:6).

No hay vida sin Jesús.

Si tu pequeño de tres años solo puede garabatear unas cuantas palabras del alfabeto, que estas sean J–E–S–Ú–S. (Y luego, claro, "Jesús me ama").

También pueden hacer rompecabezas o anagramas en familia. Anímalos a escribir cartas y oraciones a Jesús acerca de lo que aprenden. Empieza un álbum de recortes de Jesús. Fija un tiempo para que dibujen o coloreen imágenes de las historias que lees acerca de Jesús. Aparta un tiempo para realizar manualidades cuyo objetivo sea ilustrar la historia o la verdad del día.

Por ejemplo, esta Navidad mientras la familia se reunía, estudiamos la historia bíblica del nacimiento de Jesús. Para reforzar la enseñanza compré cinco hojas de pegatinas (una para cada nieto) con los personajes de la escena de Navidad. Nuestro "trabajo manual" del día consistió entonces en usar las pegatinas para recrear la historia navideña en una hoja de papel de color.

¡Podrás imaginar los lugares tan inesperados donde terminarían el bebé Jesús, los burros, los camellos, los pastores y los sabios! Y la gran estrella no siempre "aparecía" en la parte superior de la hoja. Sin embargo, esta actividad lúdica sirvió para repasar el relato bíblico de la venida del Hijo de Dios para vivir y morir por nosotros. ¡Qué gozo me dio ver a cuatro pequeñas mentes y sus diez manitas (¡y espero que cinco corazoncitos!) tomando cada persona y animal para incluirlo en la escena del nacimiento de Jesús! Y solo costó unos centavos.

Ahora bien, ¿qué harás hoy o esta semana para impartir las verdades acerca de Jesús en los corazones, grandes y pequeños?

Cómo dar en el blanco

¿Cuál es el blanco? En mi caso, como madre me propuse que mis hijas conocieran a Dios, amaran a mi Jesús y gozaran de la vida eterna descrita en 1 Juan 5:12:

> "El que tiene al Hijo, tiene la vida; el que no tiene al Hijo de Dios no tiene la vida".

Así que oré y oré (¡sin cesar!) por mis hijas, a fin de que tuvieran una relación con Dios por medio de Cristo. Y sé que tienes el mismo anhelo por los tuyos. Para asegurarte de dar en el blanco debes estar atenta a comunicar sin cesar las verdades del "evangelio".

¿Qué es el evangelio? Aquí presento una breve respuesta. Pablo, que recibió el mensaje del evangelio de Cristo mismo, fue fiel al comunicarlo a otros en 1 Corintios 15:3–4. Así lo expresó: "Primeramente os he enseñado lo que asimismo recibí: Que Cristo murió por nuestros pecados, conforme a las Escrituras; y que fue sepultado y que resucitó al tercer día, conforme a las Escrituras".

Como podrás imaginar, libros enteros se han escrito sobre estos dos versículos. Sin embargo, para nuestra fácil comprensión, pensemos en las verdades del evangelio presentadas en estas tres declaraciones:

Cristo murió por nuestros pecados: Jesucristo, que nunca cometió pecado, sufrió el castigo por el pecado a fin de que quienes creen reciban el perdón.

> *La fe en Jesús es el acontecimiento más importante en la vida de un niño.*

Fue sepultado: Jesucristo murió en una cruz real y fue enterrado en una tumba real.

Resucitó al tercer día: Dios Padre levantó a Jesucristo de los muertos de una vez y para siempre.

¿Qué significa esto para nosotros y para nuestros hijos? En primer lugar, la Biblia afirma que "todos pecaron" (Ro. 3:23). Por consiguiente, es claro que nosotras y nuestros hijos necesitamos el perdón de pecados. ¡Necesitamos un Salvador! ¡Necesitamos a Jesús! La Biblia también dice que "la tristeza que es según Dios" por el pecado "produce arrepentimiento [un deseo de apartarse del pecado y restaurar nuestra relación con Dios] para salvación" (2 Co. 7:10).

A la luz de lo anterior, habla de lo que tienes en el corazón y de la Palabra de Dios a tus hijos. No dejes que pase un solo día sin hacerlo. Considéralo un deber diario, sagrado, no opcional. Alaba los buenos actos de tus hijos, pero sé fiel en señalar todo comportamiento contrario a las normas de Dios. Y al mismo tiempo, encamínalos a Jesús como el único que puede perdonar sus pecados y ayudarlos a hacer lo correcto. Háblales de la muerte de Jesús por sus pecados. Y comunícales la buena noticia de que está vivo, que pueden gozar de una vida en Él y estar con Él para siempre. Dales a conocer la promesa de Juan 1:12: "Mas a todos los que lo recibieron, a los que creen en su nombre, les dio potestad de ser hechos hijos de Dios".

Esto es lo que Jim y yo hicimos con nuestras hijas. Durante años nuestra familia cantó feliz y a una voz el himno que dice: "Cuando todos lleguemos al cielo… ¡qué dichoso día será!"… hasta que un día Jim dijo: "¡Un momento! ¿Cómo podemos entrar todos al cielo?"

> *Construye un puente de verdad en el corazón de tu hijo y ora para que Jesús transite por él.*

Fue entonces que empezamos a enseñar y comunicarles a nuestras hijas más acerca de Jesús. Comenzamos a enseñarles las verdades que acabo de mencionar y otras que invitan a tomar una decisión, como:

"Entrad por la puerta estrecha; porque ancha es la puerta y espacioso el camino que lleva a la perdición, y muchos son los que entran por ella" (Mt. 7:13).

"El que tiene al Hijo, tiene la vida; el que no tiene al Hijo de Dios no tiene la vida" (1 Jn. 5:12).

"El que no naciere de nuevo, no puede ver el reino de Dios" (Jn. 3:3).

Reitero que solo Dios puede salvar el alma de tu hijo, y solo Él puede obrar en su corazón. Sin embargo, su Espíritu obra a través de sus flechas, que son su Palabra y su verdad. Sé fiel en hacer tu parte. ¡Debes predicar a Cristo! Como observó el apóstol Pablo: "¿Cómo, pues, invocarán a aquel en el cual no han creído? ¿Y cómo creerán en aquel de quien no han oído? ¿Y cómo oirán sin haber quien les predique?" (Ro. 10:14).

Bueno, esa persona eres tú, mamá. Estás llamada a ser una predicadora del evangelio de Dios. ¡Y tu pequeño rebaño está frente a ti en casa! Establece como la prioridad y el objetivo de tu crianza hablarles a tus hijos acerca de Jesús. Sé fiel en abrir tu boca. Sé fiel en prepararlos. Sé fiel en enseñarles. ¡Sé fiel en predicar! Sé fiel en tu constancia y perseverancia… y en vivir una fe auténtica. Y por supuesto, ¡sé fiel en tu oración!

¿Y qué si…?

Tal vez te preguntas: "¿Y qué si mi hijo ya oró para recibir a Jesús como Salvador?" Primero que todo ¡esa es una excelente noticia! Sin embargo, "el objetivo" ahora es su crecimiento espiritual. Y este es progresivo y constante. Cada nuevo día y cada prueba traerá nuevas oportunidades para enseñarle a tu hijo acerca de Jesús: Su crecimiento, su conocimiento de las Escrituras, su vida, sus pruebas, su manera de tratar a los demás, su consagración total a Él, cómo oraba, cómo amó, obedeció, y confió en el Padre y cómo llevó a cabo el propósito de Dios para Él.

La Biblia dice: "Creced en la gracia y el conocimiento de nuestro Señor y Salvador Jesucristo" (2 P. 3:18). Permite que cada miembro de tu familia responda de manera libre y personal a cada verdad. También invítalos a que te manifiesten su propia comprensión del evangelio y sus creencias. De ese modo podrás hacer un seguimiento de la condición espiritual de cada niño. También aprenderás mejor acerca de su nivel de comprensión, lo cual te guiará y aclarará las futuras conversaciones con ellos acerca de Dios.

> ¿Cómo actuaría Dios si viviera en la tierra? La respuesta es Jesús.

¿Cuándo debes empezar?

Las madres me preguntan con frecuencia si existe una edad demasiado temprana para empezar a hablarles a los niños pequeños acerca de Jesús. Y mi respuesta (¡como ya lo sabes!) es siempre la misma: Nunca es demasiado pronto para comenzar. De hecho, ¡ojalá tus hijos jamás recuerden un día en el cual no hayan oído hablar de Jesús, tu mejor amigo y Salvador!

Por otra parte, medita en los siguientes resultados de algunas encuestas: "Es mucho más probable que las personas acepten a Cristo como su Salvador en una edad temprana. La asimilación de las verdades y principios bíblicos suele aumentar en los años previos a la adolescencia… los hábitos relacionados con la práctica de la fe se desarrollan a una edad temprana y parece que no varían mucho con el paso del tiempo".[1]

Tu responsabilidad como madre cristiana es entonces instruir sin parar a tus hijos acerca de Jesús. ¡No ceses de hablar de Él con ellos! Cuéntales y cuéntales acerca del Salvador. El predicador y evangelista inglés C. H. Spurgeon lo expresó con estas palabras:

> Antes que el niño haya cumplido siete, enséñale bien el camino al cielo; mejor aún resultará el esfuerzo, si aprende todo antes de los cinco.

¡Nunca te des por vencida!

¿Tu niño tiene más de cinco años? ¿O siete? ¿O ya es adolescente? ¡No pierdas la esperanza! Más bien examina tu corazón (¡y tus emociones!) y haz lo siguiente:

Recuerda: La salvación es obra de Dios en el corazón de tu hijo, sin importar su edad.

Ora: Ora fiel y fervorosamente por tus hijos mayores "delante de Dios nuestro Salvador, el cual quiere que todos los hombres sean salvos y vengan al conocimiento de la verdad" (1 Ti. 2:3–4). Y ora por ellos hasta el último día de tu vida. Dirige las flechas de tus oraciones al cielo por los hijos descarriados o rezagados hasta que tengas el último aliento de vida. ¡Nunca es demasiado tarde para orar! ¡Y nunca es demasiado tarde para el milagro de la salvación!

Habla: Háblales a tus hijos adolescentes o jóvenes adultos acerca de Cristo. Relaciona cada aspecto de sus vidas con Jesús: Sus enseñanzas, su vida, su sabiduría, su poder para ayudar… y salvar. Aunque digan: "Ay, mamá, ¡otra vez con lo mismo!" sigue adelante y habla de Jesús. Ellos se comportan como si no les importara, ¡pero créeme que la verdad penetra! Y tendrán que asimilarla. Te pregunto: Si no lo escuchan de *ti*, la persona que vive con ellos y más los ama, ¿entonces de *quién*? Tú, amada madre, eres el ser más cercano a cualquiera de tus hijos, que tanto necesitan escuchar y conocer a Jesús.

En uno de mis libros menciono a San Agustín, considerado "uno de los más grandes padres de la iglesia".[2] Durante 33 años Agustín se burló de la enseñanza cristiana y de las oraciones de su madre, Mónica. A pesar de todo, ella nunca se dio por vencida. Predicó. Oró. Perseveró… hasta que un día, a la edad de 33, Agustín clamó a Dios en agonía: "¿Por cuánto tiempo? ¡No te acuerdes de los pecados de mi juventud!" Después de contarle a su madre que al fin había aceptado al Salvador, Mónica dijo: "Ahora puedo morir en paz". La salvación de su hijo era su único deseo sobre la tierra. Mónica vivió cinco años más y su hijo pasó de ser un pródigo a convertirse en una columna de la iglesia.

¡Nunca te des por vencida!

> *El evangelio quebranta los corazones de piedra.*

♡
───── *Respuesta del corazón* ─────

Como una madre conforme al corazón de Dios que ha recibido de Él la bendición de tener hijos, también has sido designada por Él para transmitir el conocimiento de su Hijo con cada persona que habita bajo tu techo. Si en toda tu vida únicamente logras cumplir con esta prioridad (¡y objetivo!), gozarás de una vida plena y con sentido. Aun si todos tus sueños te eluden, alcanzar este será suficiente… porque es *lo* que Dios pide de ti como madre.

Y en cualquier caso no dejes que la preocupación por lo que harán tus hijos frente a la verdad de Jesús te abrume. Sé que cuidas y oras por sus almas con tesón y eso es normal… ¡y magnífico! No obstante, recuerda que la salvación es asunto de Dios. Más bien, puedes hacer lo siguiente: Abre tu corazón a Dios y a su mandato de hablarles a tus hijos de Él, de su amor y de su precioso Hijo. Recíbelo como un llamado divino. Abrázalo y trabaja por él con todas tus fuerzas. ¡Y hazlo con celo y confianza!

Amada madre, esta es *la gran misión* en lo que respecta a nuestra labor como padres. ¿Por qué les enseñamos la Palabra de Dios, les hablamos acerca de Él, los instruimos en sus caminos, los llevamos a la iglesia, les enseñamos a orar, e intercedemos por ellos? Porque es la responsabilidad que Dios nos ha asignado, nuestra tarea, nuestro deber y su mandato. De hecho, el anhelo y la meta de nuestra vida es que nuestros hijos escuchen las verdades acerca de Cristo. Y luego, con su ayuda y por su gracia, oramos para que estas verdades penetren sus corazones, ¡que puedan conocer a Cristo de manera personal y disfrutar la promesa de vida eterna!

¡Así que prepárate para trabajar con entusiasmo para cumplir tu misión! Presta mucha atención, dirige bien tus esfuerzos, y apunta al corazón de cada uno de tus amados. Penetra los corazones de tu familia una y otra vez con todas las verdades acerca de Jesús. ¡Y hazlo durante años! Con cada verdad, ora para que la convicción de pecado, la salvación y la necesidad de un Salvador calen profundamente en los suaves corazoncitos... hasta que, por la gracia de Dios, ellos den una respuesta positiva.

Del corazón de un padre

En mi labor como pastor he dirigido muchas sesiones de consejería matrimonial. Como regla general, las parejas que atendía pertenecían a una de estas categorías.

La primera corresponde a lo que la Biblia denomina un "yugo desigual" (2 Co. 6:14), donde uno de los cónyuges no es cristiano. Si tu esposo no es cristiano, tal vez no le interese mucho escuchar acerca de Jesús. Sin embargo, es probable que sí le interese mucho saber que los niños están bajo control. Le agradará saber que la casa está limpia. ¡Y le fascinará enterarse del menú para cenar! Para este querido esposo, asegúrate de mostrarle con tus actos la realidad de aquel Jesús que tú anhelas que él y tus hijos conozcan. La comunicación ofrece muchas posibilidades. Muchas veces enseñamos con mayor elocuencia con nuestros actos que con nuestras palabras. ¡Tus acciones también le enseñarán a tu esposo quién es Jesús! Como dice la Biblia: Para que los esposos "sean ganados sin palabra por la conducta de sus esposas" (1 P. 3:1).

La segunda categoría corresponde a una pareja conformada por dos cristianos. Si tienes un esposo creyente, dale gracias a Dios ahora y siempre por este hombre, y ora por su crecimiento y por sabiduría. Además, siéntate con él en un lugar tranquilo y cuéntale lo que aprendes sobre ser una madre conforme al corazón de Dios. Cuéntale que estás decidida a hablarles a tus hijos acerca de Jesús. Cuéntale tu sueño de que experimenten la fe verdadera en Cristo. Invítalo a apoyarte en la labor de hablarles de Cristo.

Por otro lado, recuerda agradecerle por todo lo que ya ha hecho él para exaltar el nombre de Jesús en el hogar. Dale gracias por el apoyo y el aliento que te ha brindado en esta labor crucial.

Y si él está un poco a la zaga en su comprensión y esfuerzo, dile cuán importante es este mandato del Señor para ti y cómo deberían ambos ponerlo por obra. Pídele sugerencias acerca de cómo impartir el mensaje de Jesús en el corazón y la mente de tus hijos. Ninguno tiene todas las respuestas y toda la sabiduría. Sin embargo, Dios ha puesto a su disposición los recursos y ayuda de otros hombres y mujeres piadosos. Hazle saber a tu esposo que estás dispuesta a pedirle consejo sabio a una mujer con mayor experiencia. Luego pregúntale si le gustaría acudir a otro hombre con mayor experiencia y madurez en la iglesia.

Así fue como Elizabeth y yo empezamos nuestra labor de padres en los inicios de nuestra vida cristiana. No teníamos idea de cómo ser padres piadosos. Y no sabíamos cómo empezar a enseñarles a nuestras niñas acerca de Jesús. Elizabeth y yo tomamos la decisión de acudir a cuantos padres pudimos en busca de consejo. Y lo hicimos hasta que nuestras hijas se casaron.

No seas negligente en la crianza de tus hijos. No recorras sola el camino. Pide la colaboración de tu esposo y de otros en tu iglesia.

Pequeñas decisiones que traen grandes bendiciones

1. Concéntrate en el evangelio.

Ahora que has visto el poder del mensaje del evangelio para la salvación, sigue el ejemplo de Jim. Pregúntales a tus hijos: "¡Un momento! ¿Cómo podemos todos entrar en el cielo?" Luego toma la determinación de apuntar las flechas del evangelio con mayor precisión, de estirar con más fuerza el arco y de disparar con más frecuencia. Medita en esto:

El evangelio es dado por Dios.
El evangelio es lo que Dios hace por el hombre.
El evangelio trae buenas noticias.
El evangelio culmina en la transformación interior.
El evangelio es... una fuerza, el poder de Dios para salvar.[3]

2. Habla sobre las vidas de los santos.

A medida que lees biografías cristianas con tus hijos, descubrirás muchas respuestas positivas acerca del cambio que significa en la vida y el corazón de un niño el conocimiento de Jesús. Por ejemplo, piensa en la vida de G. Campbell Morgan. Él era un niño que creció hasta convertirse en un famoso ministro británico y luego pastor de la iglesia presbiteriana del tabernáculo en Filadelfia. Se ha dicho de él que era "un gran organizador, un poderoso predicador, un príncipe entre los evangelistas, un maestro y líder entre los ministros y un estudiante de las Sagradas Escrituras".[4] No obstante, presta

atención a las propias palabras del señor Morgan: "Mi
dedicación a la predicación de la Palabra empezó desde muy
pequeño.... cuando con apenas tenía ocho años le predicaba
a mi hermana menor y a sus muñecas bien sentadas frente
a mí. Mis sermones eran historias de la Biblia que primero
escuché de mi madre".[5] ¡Lee, madre! ¡Cuéntales a tus hijos las
historias de la Biblia que hablan de Jesús!

3. Canta de Jesús.

Quedé consternada un domingo en la iglesia cuando entré a
ver a uno de mis nietecitos en su clase. Él estaba sentado con
una joven que colaboraba en la clase. Tenía las manos de mi
nieto entre las suyas y aplaudía al tiempo que cantaba una
canción al ratón Mickey. Sonreí y le pregunté con amabilidad
(¡al menos eso espero!): "¿Conoces la canción 'Cristo me
ama'?" Al responder: "Claro", le dije: "Es una de sus canciones
favoritas. ¿Te gustaría cantarla con él? Le encanta".

   ¡Ay, cómo me dolió eso! Ahí estábamos, una familia
cristiana que trae a todos sus miembros a la iglesia para que
aprendan más de Jesús. Sin embargo, también me cuestioné:
¿Cuándo cantamos de Jesús en casa? ¡Me preguntaba cuántas
veces había desperdiciado la oportunidad de cantarle o
hablarle más a mi nietecito acerca de Jesús!

4. Reserva un presupuesto para libros.

Es impresionante lo mucho que puede gastar una familia en
servicios de televisión de cable, vídeos y discos de música.
No dudes entonces reservar un presupuesto para libros que
hablen de Jesús. Planea visitas regulares a tu librería cristiana
y conserva una lista de títulos que descubres en tus salidas
y que podrían servir para enseñarles a tus hijos las verdades
de Jesús. También anota los libros que los niños prefieren.

Un libro especial de su elección se convertirá sin duda en su predilecto y una joya para la familia. ¡Y piensa no más en lo que puede obrar en el corazón de tu hijo!

5. Pide apoyo en oración.

Ser madre es como estar en una batalla. ¡Tú eres una guerrera! ¡Y la batalla por el corazón de tu hijo es espiritual! Así que busca apoyo en oración en otros miembros de la familia que son cristianos. Si tus padres o suegros son creyentes, pídeles que se comprometan a ser guerreros de oración en favor de tus hijos. Pídeles que oren a diario por cada uno de ellos. Y si no cuentas con guerreros de oración en tu familia, consigue el apoyo de mujeres mayores piadosas o de tu mejor amiga para que te acompañe en la batalla. ¡Asalta las puertas del cielo por las almas que tienes a cargo!

5

Instruye a tus hijos en el camino de Dios

Instruye al niño en su camino, y aun cuando fuere
viejo no se apartará de él.
PROVERBIOS 22:6

En mis libros he mencionado a mi amiga Judy (también conocida como Judy la artista), que es amante de los jardines y dueña de uno esplendoroso. Bueno, ella y yo trabajamos juntas en un libro infantil titulado *Sabiduría de Dios para niñas*[1]. Era de esperarse que la ilustración predilecta de todos fuera la hijita de Judy trabajando muy juiciosa en un rincón del jardín. Acerca de cómo guiar a las niñas y el desarrollo de su carácter, escribí:

El jardín de una pequeña niña de Dios, ¡qué grandioso!
Empezó con un sueño, una oración y un plan.
Sabemos bien que nada tan maravilloso ocurre por accidente:
Toma tiempo y dedicación hacer crecer las flores.

¿Cómo llegó a ser tan hermoso el jardín de Judy? Se agolpan muchas palabras en mi búsqueda de una respuesta. Compromiso. Duro trabajo. Dedicación. Atención. Diligencia. Creatividad. Tiempo. Y no puedo olvidarlo… ¡amor! Y todas estas cualidades y actitudes de corazón han sido labradas día tras día durante años.

Los esfuerzos de Judy siguen esta rutina: Cada día, muy temprano en la tranquilidad matutina, ella abona, labra y riega las rosas que envuelven y adornan su enramada. Luego corta con pinzas afiladas las ramas desviadas, poda todos los brotes innecesarios y quita todo capullo marchito. Con la precisión de un cirujano, Judy (¡conocida también antes como Judy la cirujana!) quita todo lo que impida el crecimiento y desarrollo de sus rosas.

¡Pero eso no es todo! Luego viene el proceso de entrenamiento. Judy se sube a la escalera para acomodar y entrelazar con cable sus rosales para dirigir y orientar cuidadosamente su crecimiento. Trabaja en esto hasta lograr el resultado que desea y se detiene a observar cómo aparecen el diseño y la belleza que se había propuesto. Judy sabe que cultivar un jardín, aun la más pequeña planta, requiere trabajo. No obstante, es una labor de amor. Y cualquier persona que anhela algo grande debe estar dispuesta a trabajar duro.

¿Me sigues en esto, madre? ¿Te preguntas qué tiene que ver esto con un capítulo acerca de la instrucción de los hijos para Dios… y para la vida? ¡Estamos frente a la esencia misma de lo que significa instruir a nuestros hijos en el camino de Dios!

Plantar un niño

Dios escribió *El Libro* de la crianza de niños, y tiene mucho qué decir acerca de su instrucción. Para empezar, espera que participemos de manera activa en la formación de nuestros hijos. En Proverbios 22:6, Dios ordena: "Instruye al niño en su camino". También nos anima con esta promesa: "Y aun cuando fuere viejo no se apartará de él". Como madres que tienen la misión celestial de "instruir" a sus hijos, debemos llevar a cabo dos tareas:

- ✓ *Educar*: Una definición de *instruir* es "educar", o "dar instrucción". Esto abarca todos los contenidos de la verdadera educación religiosa. ¿Cómo se lleva a cabo dicha educación? ¿Esperamos hasta que nuestro bebé pueda sentarse, caminar, hablar, o hasta que cumpla cierta edad? ¿Esperamos hasta que haya algún asomo de interés de su parte? ¿Esperamos que una escuela cristiana lo haga por nosotros? ¿O esperamos hasta que nuestro hijo ingresa a la escuela dominical o al grupo de jóvenes de la iglesia?

- ✓ *Iniciar*: Esta segunda definición responde las anteriores preguntas. Instruir también significa "iniciar". Como puedes ver, los padres debemos instruir y educar. Y en ello debemos ser dinámicos y tomar la iniciativa. Nuestra instrucción debe ser planeada e intencional, un compromiso que se programa, organiza y lleva a cabo aprovechando cada oportunidad para instruir a nuestro hijo "en su camino".

¿Y qué ocurre si no iniciamos y educamos a nuestros hijos en su camino? ¡Ellos irán por el camino que se les antoja! Los niños que son librados a su propio arbitrio serán consentidos y se volverán egoístas. Proverbios también enseña que "el muchacho consentido avergonzará a su madre" (Pr. 29:15).

Proverbios 22:6 es también una advertencia de Dios dirigida a los padres: Si fallamos en instruir a nuestros hijos, o permitimos que ellos se instruyan según sus propios deseos, no podemos esperar que su estilo de vida cambie más adelante. Esto es así porque "los niños nacen pecadores y cuando se les permite vivir según sus deseos, desarrollarán de manera natural respuestas y hábitos pecaminosos… Dichas costumbres se arraigan profundamente una vez que se han establecido en la más temprana edad".[2]

Madre, date cuenta de que estás a cargo de la misión de instruir a tus hijos tan pronto como sea posible. Esta instrucción se realiza de dos formas invariables.

Entrenamiento práctico: Al igual que Judy, con sus guantes, pinzas y cable, tú debes instruir de manera activa y dinámica tus "pequeñas plantas" con un entrenamiento práctico. Claro que les enseñas la Biblia. Y es evidente que les inculcas las normas de convivencia y la realización de tareas prácticas y necesarias. Pero ¿les enseñas cómo tomar decisiones sabias? Es una de tus tareas como madre. A pesar de lo duro que parezca, no cedas a tu instinto maternal de tomar todas las decisiones por tu hijo (lo cual es fácil pero perjudicial a largo plazo). Más bien instrúyelo y muéstrale cómo tomar buenas decisiones (¡con miras al futuro!).

La instrucción activa también significa entrenar a tus hijos por medio de la corrección, lo cual incluye la necesaria disciplina[3]. Alguien lo expresó en los siguientes términos: La educación comienza en las rodillas de la madre. ¡No solo tienes que instruir a tus hijos *en* tus rodillas, sino también a veces *sobre* ellas! Instruir al niño en su camino implica hacer *las dos* cosas. (Hablaré de ello más adelante).

Entrenamiento como testimonio: Este proceso de entrenamiento no activo incluye la instrucción por medio de un comportamiento ejemplar. Es mucho más personal... y difícil. ¡Significa no solo pronunciar el discurso sino recorrer el camino! Para mí el versículo bíblico más impresionante para "madres" es Proverbios 23:26: "Dame, hijo mío, tu corazón, y miren tus ojos por mis caminos". Como dice el refrán: Es loable instruir al niño en su camino, pero mucho mejor recorrerlo tú mismo. Durante mis estudios de docencia en la universidad siempre escuché decir: "Enseñas poco por tus dichos, pero mucho por lo que eres". Lo mismo es cierto para ti como madre. ¡Tus hijos seguirán tus pasos más fácil y seguramente que tus consejos!

El apóstol Pablo exhortó a otros cristianos con estas palabras: "Sed imitadores de mí, así como yo de Cristo" (1 Co. 11:1). Él les recordó: "Lo que aprendisteis y recibisteis y oísteis y visteis en mí, esto haced" (Fil. 4:9).

Como madres conforme al corazón de Dios debemos ser capaces de cumplir con las mismas obligaciones ante nuestra familia. Nuestra vida debe ser un "modelo" que puedan seguir.

Me conmovió profundamente este poema que le envié a mis hijas. Fue escrito para padres de niños varones, pero también es pertinente para la crianza de niñas.

> *Instruye al niño en su camino, ¡y recórrelo tú misma!*[4]

> Una madre cuidadosa debo ser,
> un jovencito me sigue.
> Temo desviarme,
> quizá él hará lo mismo.

> Ni un instante puedo evadir su mirada,
> todo lo que me ve hacer intenta.
> Dice que será como yo,
> el pequeño jovencito que me sigue...

> Debo recordar
> día y noche,
> que marco la vida para siempre,
> de aquel jovencito que me sigue.[5]

Desde pequeños

¿Cuál es el mejor momento para que una madre instruya a su niño "en su camino"? Sin duda alguna mientras más pronto, mejor. Como sucede en la jardinería, si podemos empezar desde el principio con cada planta que germina, la labor suele resultar más sencilla. El pastor y predicador reformado Henry Ward Beecher bien dijo: "No es difícil hacer que un niño o una planta crezcan derechos si se les entrena desde pequeños, pero enderezarlos después de haberles permitido crecer en el error es un asunto complicado".

Siempre me asombra ver que algunas madres (y abuelas) que vienen a pedirme un autógrafo me comentan que consideran demasiado pronto empezar a leerles a sus niños, incluso libros infantiles, ¡o la Biblia misma! ¡Arguyen que apenas tienen 9, 12 o 18 meses, 2 o 4 años! Yo trato de ser amable y de no alterarme para explicarles que estoy absolutamente convencida de que nunca es demasiado pronto para empezar a instruir a los pequeños. Nunca. (¿Recuerdas al pequeño Samuel de la Biblia? Más o menos a los tres años ya había sido separado de su madre para servir a Dios en el templo).

Cualquiera sea pues la edad de tus pequeños, comienza a leer, instruir y enseñar ahora mismo. Empieza su instrucción y enseña con convicción. Sin importar lo que entiendan o no, ellos percibirán tu amor y emoción. También se familiarizarán con tu voz y tu enseñanza. Créeme, ellos captan mucho más de lo que puedas imaginar. Piensa en los siguiente…

> *La clase de persona en que se convertirá tu hijo ya lo está siendo… ¡y a toda prisa!*[6]

Durante una celebración del día de acción de gracias, Jim y yo nos hospedamos en una de las habitaciones de la casa de nuestra hija Katherine en Nueva York. Nos enteramos de que Pablo acababa de pintar las paredes antes de nuestra llegada, así que nos sorprendió ver algunas manchas en la pared. Sin embargo, al acercarnos a mirar, vimos marcas hechas con lápiz con las fechas y nombres de los niños de Katherine y Pablo… ¡y líneas con las medidas de sus estaturas! Esto, por supuesto, nos causó gracia y alegró nuestro corazón.

Lo que es alarmante es que muchos padres (entre ellos, Jim y yo) somos diligentes en registrar el crecimiento y desarrollo de nuestros hijos en las paredes, dinteles, o en diarios. No obstante, antes de que esa criatura pueda siquiera pararse para que midan su estatura, ya ha tenido lugar un gigantesco proceso de crecimiento en cuanto a lo mental, espiritual y moral. Algunos padres solo miden el crecimiento de sus hijos después de su tercer cumpleaños. Y sin embargo, al tratarse del corazón y del alma de un niño, "sepa bien todo padre y madre que al cumplir su hijo tres años, ya han recorrido más de la mitad del camino de toda la labor que podrán hacer por su carácter en toda la vida".[7]

¿Qué camino, Señor?

¡Gracias a Dios que cuando nos dijo a las madres "instruye al niño" no nos delegó una tarea incierta! No nos dejó en zozobra o inquietud en cuanto a la dirección que debíamos tomar o el resultado esperado de nuestra labor. No, Él nos dijo con exactitud en Proverbios 22:6 nuestro objetivo y propósito, que es instruir "al niño en su camino". "Su camino", es la respuesta al clamor de nuestro corazón: "¿Cuál camino, Señor?"

El camino de Dios: ¿Cuál crees que es el camino correcto? Si tu respuesta es "El camino de Dios", aciertas. Proverbios nos dice que "el camino del Señor" es "el camino de la vida", "el camino de la sabiduría", y "el camino de justicia". Este es un argumento más para asegurarnos de enseñarles la Palabra de Dios a nuestros hijos. ¡Así conocerán su camino! Y (repito) ese es tu trabajo, madre: Enseñarles a tus hijos el camino de Dios, instruirlos en él, y recordarles que lo sigan.

Proverbios 6 dice que la enseñanza e instrucción de la madre son "camino de vida" (vv. 20–23).

¡Así que instruye, amada madre! Vive sin cesar como Dios ordena, enseña la Palabra todo el tiempo (Dt. 6:7–8), y no te canses de aplicar la sabiduría divina mediante la disciplina hecha con amor (Ef. 6:4).

> *or el camino de la sabiduría te he encaminado, y por veredas derechas te he hecho andar.*
>
> PROVERBIOS 4:11

La sabiduría de Dios: ¿Mencioné la "disciplina"? Sí. De hecho, Dios lo dijo. Y como madre conforme al corazón de Dios hacemos lo que Él ordena. Él dice que debemos enseñarles a nuestros hijos, así que lo hacemos. También dice que debemos instruirlos y lo hacemos. Y parte de esa instrucción es su mandato de corregir y disciplinar a nuestros hijos, lo cual hacemos.

Disciplina al niño que amas (Pr. 3:12).

Disciplina mientras aún hay esperanza (19:18).

Disciplina con diligencia al hijo que amas (13:24).

Disciplina al niño en su camino (22:6).

Disciplina a tu hijo para que se aleje la necedad ligada a su corazón (22:15).

Disciplina para purificar el corazón de tu hijo (20:30).

La Biblia enseña claramente que amar a tu hijo significa disciplinarlo. Proverbios 13:24 declara: "El que detiene el castigo, a su hijo aborrece; mas el que lo ama, desde temprano lo corrige". Y Efesios 6:4 advierte: "No provoquéis a ira a vuestros hijos, sino criadlos en disciplina y amonestación del Señor".

¿Quisieras saber si alguna vez fue difícil para mí corregir y disciplinar a mis dos pequeñas, preciosas y primorosas niñas? En mi libro *Una mujer conforme al corazón de Dios,* relato cómo escuché por primera vez esta enseñanza de la Biblia. No le creí a la persona que la expuso… hasta que yo misma la leí en la Biblia. También peleé con esta verdad, lloré y oré por eso. Hablé y discutí el asunto mil veces con Jim hasta que logramos acordar un plan para poner en práctica este consejo sabio de Dios. Y luego nos dedicamos a instruir a nuestras amadas hijas en el camino que debían seguir, no el que ellas tomaban, ¡y hacerlo aunque eran tan pequeñas!

¡Esos fueron días y años difíciles! Y si necesitas ayuda para empezar a aplicar la disciplina bíblica, o aliento para perseverar, o un recordatorio para seguir, he incluido en la sección de "Pequeñas decisiones" algunos consejos básicos.

El camino del niño: Instruir a un niño como es debido es una misión doble. Por un lado, debes encaminarlos por el camino de Dios. Y por el otro, a fin de gozar del fruto de la instrucción de tu hijo para Dios y para la vida, debes conocer a tu hijo, y saber bien lo que lo hace único.

Ese es otro mensaje de Dios para las madres piadosas en Proverbios 22:6. Este versículo ha sido traducido: "Instruye al niño en su carrera" [RV–1909], "Instruye al joven según sus disposiciones" [BJ],[8] y enséñale "el camino", su camino, "aquel camino que ha sido señalado para él y en el cual debe andar".[9]

En otras palabras, cada niño ha sido creado de manera maravillosa y asombrosa, y tiene sus propias "disposiciones". Hay un camino o dirección hacia el cual se inclina para crecer y encaminarse. Cada uno de tus pequeños, ¡y grandes! posee talentos naturales y rasgos de personalidad que deben ser alentados. Por ejemplo, en mi caso, tuve que criar hijas que solo se llevan 13 meses, y tal vez tú también intentas criarlos y educarlos a todos de la misma forma, con los mismos métodos, y en la misma dirección.

Sin embargo, tus hijos son individuos únicos. Por ejemplo, una de mis hijas es diestra, y la otra es zurda. Una ha sido favorecida con un gran sentido del orden y la pulcritud y la otra es un "espíritu libre". A una le basta un regaño o una mirada de desaprobación para llorar compungida… mientras que la otra precisa de consecuencias más severas… ¡una y otra vez! Ambas son personas maravillosas, únicas, maduras y mujeres de Dios que aman al Señor (¡y a Jim y a mí!), y son madres, pero una es más inclinada a lo artístico y manual y la otra disfruta más de las labores empresariales y contables.

Mi experiencia no es más que una pequeña muestra de las diversas "inclinaciones" posibles, pero estoy segura de que entiendes a qué me refiero. Tus hijos son individuos con fortalezas y capacidades especiales, con una disposición propia que debe ser desarrollada. Dios te invita a participar en la aventura de ayudarles a descubrir, elegir y andar el camino correcto.

Cosechar el fruto de tu esfuerzo… y amor

Al fin llegamos a la esperanza de un día cosechar el fruto: "Instruye al niño en su camino, *y aun cuando fuere viejo no se apartará de él*". Por supuesto que hay excepciones a esta "promesa", pero aún permanece como una regla general. Este versículo predilecto de los padres cristianos no ofrece una garantía irrestricta. Establece más bien un principio general, a saber: Así como un árbol crece para estar derecho y saludable con la ayuda del jardinero (como Judy cuida sus rosas), un niño crece en la dirección en la cual ha sido instruido en el hogar.

Es cierto que los niños criados en la disciplina y amonestación del Señor pueden también apartarse de Dios. Sin embargo, nunca pueden escapar de las oraciones de su madre que riega las semillas de la Palabra de Dios y el amor que ha sido plantado en su corazón durante años. Es muy probable que las semillas de la instrucción fiel un día germinen para vida. Las Escrituras, aprendidas de memoria, llevarán a nuestros amados que están lejos de Dios a recordar la casa de su padre, volver en sí, y regresar a casa (Lc. 15:11–20).

¿Sabes qué quiero para ti? Lo mismo que deseo para mí. Quiero que recojamos la cosecha que Dios promete aquí en Proverbios 22:6. Quiero que nuestros hijos "se levanten" para proclamar ante muchos y decir con sus vidas, como adultos maduros, y te llamen "bienaventurada", no con sus labios sino con sus vidas (Pr. 31:28). Quiero que nuestros hijos sean la siguiente generación que tenían Dios y Moisés en mente al escribirse Deuteronomio 6. Quiero que pasen el testimonio de la fe en Dios a la siguiente generación por haber instruido también a sus hijos en su camino.

> *Esta* educación forma la mente del niño; como se incline el tallo tierno lo hará también el árbol.[10]

Respuesta del corazón

Nuestro capítulo se ha extendido, en parte porque ser madre es uno de mis temas predilectos. Quiero que tomes en serio el mandato divino de instruir a tus hijos. También quiero que te animes, amada madre. Cuánto desearía hablar contigo en persona. Escuchar. Conversar. Animar. Gozarme... o compartir tu tristeza. Abrazar. Orar. Y al cabo de un rato de camaradería y de haber enjugado algunas lágrimas, te diría...

Por favor, disponte a trabajar en tu maternidad y dedícate a ello. Entrégate a esta labor con todo tu ser, tu corazón, con lo mejor de ti, de tu tiempo, de tu sangre, sudor y lágrimas... y ante todo, ¡de tus oraciones! Aprende todo lo que puedas. Haz todo lo que esté a tu alcance. Persevera. No te desalientes. Ni siquiera pienses en darte por vencida. ¡Y ora siempre!

Dios te ha confiado la nueva generación. Y también te ha dado toda la gracia, la fortaleza, el poder, la sabiduría y el amor que necesitas para avanzar en cada paso del camino. Créelo y recíbelo. Nunca olvides que eres una madre conforme al corazón de Dios. Para eso naciste.

Del corazón de un padre

Apenas terminé de leer este capítulo antes de escribir mi sección para padres, fue inevitable recordar algo que escribí para los jóvenes en mi libro *Un joven conforme al corazón de Dios*.[11] Comparaba allí el entrenamiento de los soldados en "el campamento de reclutas" con el entrenamiento de los muchachos en el hogar. Estos son los apuntes de mi libro en el capítulo titulado "Entrenamiento en el campamento del hogar". (Por cierto que también puede aplicarse en el caso de las jovencitas.)

> Tu hogar es el campo de entrenamiento de Dios para el futuro. Si entrenas bien tendrás las herramientas necesarias y desarrollarás las habilidades que exige una vida productiva y de influencia positiva. Si fracasas en tu entrenamiento en el hogar, la probabilidad de que la vida sea un desastre aumentará.

Lo que puede parecerte interesante es que un verdadero entrenamiento en un campamento militar no solo requiere un recluta bien dispuesto, sino también un sargento veterano muy experimentado y entrenado, si ha de ser exitoso. (¿Comprendes lo que quiero decir con esta analogía?). Tus jóvenes reclutas, de cualquier edad, pueden o no estar dispuestos, pero eso no interesa. Dios te pide cumplir con tu parte convirtiéndote en su "sargento instructor" en casa. Él te ordena tomar a tus jóvenes reclutas y darles instrucción para la vida, instruirlos "en su camino". Su futuro depende en parte de la calidad de tu trabajo en el "campamento del hogar".

Si tus hijos tienen siete, dos o tres años, quizá ya te sientes como un sargento veterano. Todo el día disparas órdenes, das instrucciones, inspeccionas camarotes, y mueves las tropas del Punto A al Punto B. Y en las noches tratas de delegar la responsabilidad al sargento mayor en tu familia, tu esposo, también conocido como papá.

Es grandioso cuando la "transferencia de autoridad" es exitosa y el sargento mayor papá prosigue con las órdenes y la disciplina. Sin embargo, por desdicha, papá en ocasiones pierde el mando. O por algún motivo no desea recibirlo. O está lejos en su trabajo y le resulta imposible recibirlo. ¿Qué haces en ese caso?

Cualquiera sea tu situación, ¡no abandones tu misión! Permanece en tu puesto. Sigue cumpliendo con tus órdenes y deberes. Pídele a Dios (tu Comandante y Jefe) que te sostenga en tu papel de entrenadora y sargento instructor. ¡Y ora para que vengan refuerzos!

¿Y qué si estás sola criando a tu hijo y no hay otro sargento instructor? Entonces busca en tu iglesia o en tu familia los refuerzos necesarios. Pídele a otros hombres rectos que te ayuden en aquellas ocasiones que precisan una influencia masculina, especialmente en el entrenamiento de los varones. Así lo hago con mi hija Courtney cuando su esposo, que es oficial de marina, está en alta mar. Un día me llamó y preguntó: "Papá, ¿podrías venir a casa y hablar con Jacob? Necesita a un hombre en este momento". ¿Quién ha dispuesto Dios que te ayude?

*P*equeñas decisiones que traen grandes bendiciones

1. ¡Empieza hoy!

Nunca es demasiado temprano para instruir a tus hijos. Y nunca es demasiado tarde. Sin importar lo que hagas, haz algo hoy. Ser negligente en el presente acarrea más adelante el desastre. Y ser negligente ahora podría también ser deplorable en el futuro. Es fácil empezar demasiado tarde nuestra labor como madres, pero nunca podremos comenzar demasiado pronto. Una vez escuché a un padre piadoso decir que se había propuesto disciplinar a sus hijos muy temprano en la vida, a fin de que no solo entendieran la diferencia entre el bien y el mal, ¡sino que jamás recordaran haber sido disciplinados!

2. Habla con tu esposo.

Busca lograr el acuerdo con tu esposo en relación con los métodos que ustedes como equipo usarán para disciplinar y corregir. La meta es ser coherentes. Eso es conveniente para los padres, y también para los hijos. Reduce al máximo la confusión en tus hijos... y transmíteles un mensaje claro, inequívoco, firme, de que es imposible poner desacuerdo entre tú y tu esposo.

3. Vincúlate a una clase para padres en la iglesia.

Cuando nuestras hijas tenían dos y tres años, Jim y yo tomamos un curso valiosísimo (¡fueron solo cuatro sesiones!) acerca de la crianza bíblica, dictada por uno de los ancianos de la iglesia y su esposa. Seguimos muchos de sus principios durante casi 20 años, hasta que nuestras hijas se casaron. Puesto que se basaba en la Biblia, su consejo pasó la prueba del tiempo. Aprovecha la sabiduría que puedes encontrar en tu iglesia. Y si es difícil encontrar un horario o una clase, busca entonces un vídeo sobre crianza en una librería cristiana. Solo procura aprender y crecer siempre en este aspecto de la vida que tantas veces nos sorprende.

4. Sé flexible.

Cada minuto de cada día de cada semana de cada año, tus hijos cambian. Por consiguiente, planea revisar y ajustar tu crianza con regularidad, por lo menos una vez a la semana. Siempre habrá ajustes por hacer. *¡Siempre!* Evalúa sin cesar tu instrucción y disciplina. ¿Qué funciona? ¿Qué no? ¿Cuáles formas de disciplina pueden suprimirse? ¿Cuáles deben intensificarse o aumentarse?

5. Sé generosa en alabar y animar.

Habla cada vez que observes comportamientos adecuados en tus hijos. Si ves cambios positivos, alaba a Dios… y felicita a tus hijos. Hazles saber que lo has notado. ¡Celebra! Demuestra que estás orgullosa de ellos. Cuéntale a papá todo lo maravilloso que han hecho. Esta es una forma grandiosa de equilibrar la disciplina y el amor. Martín Lutero, cuyo padre era muy estricto, escribió una vez: "Es verdad que sin vara se echa a perder el muchacho. Pero aparte de la vara reserva una manzana que puedas ofrecerle tan pronto lo haga bien". Examínate, madre. ¿Animas y felicitas tanto como reprendes y corriges?[12]

6. ¡Ora como nunca!

Dedicaremos un capítulo entero a esta "pequeña decisión" que trae grandes bendiciones, pero empieza a orar ya mismo. No esperes un segundo más. ¡Son *tus hijos*! Nadie (aparte de

Dios mismo) anhela más que tú verlos andar por el camino recto. Necesitarás fortaleza, obediencia, sabiduría, amor, ¡y mucha paciencia! Y todo esto lo recibes de Dios. ¡Entonces pide!

7. ¡Diviértete mucho!

Uno de mis principios para ser madre es "¡Ten a la mano una pelota!" La educación requiere tiempo, esfuerzo y organización. Y también diversión. Planea realizar una actividad lúdica diaria esta semana. ¡Que comience la fiesta!

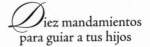

Diez mandamientos para guiar a tus hijos

🕉 Enséñales, con la Palabra de Dios (Dt. 6:4–9).

🕉 Muéstrales lo que es correcto y lo que no (1 R. 1:6).

🕉 Considéralos como regalos de Dios (Sal. 127:3).

🕉 Instrúyelos en el camino recto (Pr. 22:6).

🕉 Disciplínalos (Pr. 29:17).

🕉 Ámalos incondicionalmente (Lc. 15:11–32).

🕉 No los provoques a ira (Ef. 6:4).

🕉 Gánate su respeto mediante el ejemplo (1 Ti. 3:4).

🕉 Suple sus necesidades físicas (1 Ti. 5:8).

🕉 Transmíteles tu fe[13] (2 Ti. 1:5).

Las pautas de crianza de Susana

¿Se te ocurren algunas pautas para tus hijos? Deja que Susana Wesley te ayude a empezar. Como madre de 19 hijos, esta ilustre mujer estableció las siguientes pautas. Aunque ya tienen más de 200 años, sus normas para enseñarle a un niño a ser obediente aún son pertinentes en la actualidad.

1. Solo se come en las comidas.

2. Acostar a todos los niños alrededor de las ocho.

3. Exigir que se tomen sus medicinas sin protestar.

4. Controlar la obstinación del niño y luego trabajar junto con Dios por la salvación de su alma.

5. Enseñarle a orar tan pronto aprenda a hablar.

6. Exigirles a todos portarse bien durante el tiempo de adoración familiar.

7. No darles algo que pidan de mala manera, sino solo aquello que piden con amabilidad.

8. Para evitar las mentiras, no castigar faltas que han sido confesadas y de las que se ha arrepentido.

9. Nunca permitir que un acto pecaminoso quede impune.

10. Nunca castigar al niño dos veces por la misma falta.

11. Alabar y recompensar todo buen comportamiento.

12. Cualquier intento por agradar, aunque defectuoso, debe ser aplaudido.

13. Cuidar la propiedad ajena, incluso en los más pequeños detalles.

14. Ser muy estricto en cumplir todo lo que se promete.

15. Ninguna hija debe trabajar antes de poder leer bien.

16. Enseñarles a los hijos a temer la vara.[14]

6

Cuida a tus hijos

i gran amiga Lisa es conocida por sus estudiantes de maestría como la "Dra. Tatlock". Allí enseña administración del hogar. En el libro que escribió junto con la Dr. Pat Ennis, *Designing a Lifestyle that Pleases God* [Cómo planear un estilo de vida agradable a Dios], Lisa habla acerca del "choque cultural de la maternidad" y su lucha para adaptarse a su nuevo papel de madre. (¿Te suena familiar? ¿Te trae recuerdos?). Para facilitar la transición de su vida como profesional con doctorado a la de mamá, Lisa escribió esta lista para no perder el sentido del humor.

Sabes que eres mamá cuando...

"Dormir hasta tarde" el sábado en la mañana equivale a levantarse a las 7 a.m.

El domingo por la mañana te levantas a las 5:30 a.m. ¡y aun así llegas tarde a la iglesia!

Conoces la ubicación de cada banco, farmacia y restaurante que atiende por ventanilla a tu auto (¡pues así no tienes que trastear en cada diligencia coches, sillas de bebé y todos los accesorios!)

¡Ir al supermercado se convierte en un emocionante paseo familiar!

¡El menú semanal y las recetas salen de un libro de cocina cuyas recetas no exceden los 20 minutos de preparación! ¡Tienes tu tiempo "a solas" con Dios mientras amamantas a tu bebé a las 2 de la madrugada! ¡Emparedados de cualquier cosa se convierten en tus manjares del almuerzo!

¡Descubres que eres capaz de hablar por teléfono, alimentar a tu bebé y jugar con carritos con tu niño pequeño al mismo tiempo!

Aunque antes necesitabas una hora para alistarte y salir, ¡ahora te emocionas si tienes 10 minutos ininterrumpidos para peinarte y mudarte de ropa!

¡La hora de trasnocho comienza a las 9 p.m.! [1]

¡Me encanta! La lista de Lisa evidencia la cantidad de tiempo, el esfuerzo y el amor que requiere el cuidado de los hijos. Si fueras a hacer tu propia lista de "cómo saber si eres mamá", estoy segura de que llegarías a la misma conclusión: Nuestro amor por los hijos se demuestra cuidándolos. Es más que un trabajo de tiempo completo... ¡empezando por lo que significa alimentarlos! (¿Te diste cuenta de que los primeros cinco puntos de la lista de Lisa aluden a la comida?)

¿Qué hay para cenar?

Algunos dicen que la palabra amor se deletrea t–i–e–m–p–o, pero quizá podría ser c–o–m–i–d–a. ¿Cuántas veces tus hijos (¡y su padre también!) se acercan a preguntarte de mil maneras lo que hay para cenar? "¿A qué hora cenamos?" "¿Comemos algo?" La hora de las comidas es parte de la vida. Sin importar a qué hora hayas preparado la última comida, ¡ya es hora de alistar la próxima! Sé lo que significa atender a una familia en crecimiento, y día a día tuve que vivir

Manténme del pan necesario.
PROVERBIOS 30:8[3]

esta realidad. El hecho de que yo no sintiera hambre no significaba que mis pequeñas no la tuvieran. Y el hecho de que tuviera prisa tampoco significaba que pudiera obviar las comidas.

Por fortuna, la madre de Proverbios 31 me enseñó a suplir las necesidades nutricionales de mi familia. De ella aprendí que una madre "considera los caminos de su casa", lo cual incluye la alimentación (v. 27). También me enseñó que atender a la familia significa en ocasiones que una madre "se levanta aun de noche, y da comida a su familia" (v. 15). En otras palabras, que la alimentación de mi familia debía ser una prioridad para mí en el día, y yo necesitaba hacer todo lo necesario para adquirir provisiones, preparar las comidas y servirlas todos los días.

Al dedicar tiempo y esfuerzo en la alimentación de mi familia, descubrí dos beneficios que tuvieron un efecto positivo tanto en ellos como en mí.

Leche de tigre: Lo primero, que la alimentación es la clave para el crecimiento y el desarrollo. Comencé a imaginarme que les servía

"*Tiger's Milk* [Leche de tigre]"[2] a mis crías, es decir, alimento que contribuía a su buena salud. El cuerpo de cada persona, incluso el de un bebé que todavía no ha nacido, necesita nutrientes y minerales. Por eso las madres asumimos otro frente para estudiar nutrición. Nos convertirnos en expertas en buscar lo más conveniente para la salud de nuestra familia y el peso ideal de cada uno.

Energía para actuar y seguir: En segundo lugar está la energía. Sabemos que comer los alimentos adecuados provee energía inmediata y de lento consumo a todo nuestro cuerpo. La comida es el combustible para el cuerpo. Lo aprendemos en la historia acerca de Jonatán, el hijo del rey Saúl (1 S. 14:24–32). Saúl había dado una orden muy severa mediante la cual le prohibía a su ejército probar alimento. Como era de esperarse, mientras más avanzaron sin comer, más débiles y desalentados se sentían. Sin embargo, Jonatán, que ignoraba la prohibición, mojó la punta de su vara en un panal de miel. Al probar la miel su vista se aclaró y se sintió renovado y lleno de energía. Por desdicha, la necesidad de alimento en el pueblo era tan grande que comieron lo que Dios había proscrito.

Como madres cuyo anhelo es ofrecerle a nuestra familia lo mejor, los alimentamos adecuadamente y con la frecuencia necesaria. Esto eleva los niveles de azúcar y proteína en la sangre, lo cual aumenta la energía de cualquier organismo.

El pan nuestro de cada día, dánoslo hoy.
MATEO 6:11

En mi aprendizaje como madre la necesidad de cuidar con amor a mi familia adquirió un nuevo significado. Aprendí lo que se requiere para nutrir a mi familia. Aprendí a planear con anticipación las comidas y las meriendas. Aprendí a realizar un menú semanal cada domingo por la tarde. Aprendí a programar a diario cada comida y cada merienda. Y aprendí a organizar ese plan según el tiempo de preparación.

¿Cómo te desempeñas en este aspecto tan esencial? Sé que andas ocupada. Sé que tus pies no paran en todo el día andando de un lado a otro para cumplir con todas tus responsabilidades. Pero si escribieras todo lo que diste de comer a tu familia en la última semana, ¿qué revelaría tu registro? Nuestro objetivo como madres es velar porque los miembros de nuestra familia no carezcan del alimento, la salud, la nutrición y la energía que necesitan para manejar la vida cotidiana, evitar el agotamiento y estar contentos.

Y no olvides equilibrar la dieta nutritiva con algunos manjares predilectos. ¿Sabes cuáles son las tres comidas favoritas de cada uno de tus hijos? ¿Se las ofreces en ocasiones especiales? (¡Por qué será que pienso en una pizza!)

Otro punto importarte para recordar es: ¡Coman juntos! Este es el secreto del tema de las comidas en cualquier familia. Hace poco leí una lista de 50 maneras de amar a tus hijos y una de ellas era "comer juntos". En seguida aparecía una lista con 25 formas diferentes de gozarte a tu familia, una de las cuales era "cenar juntos durante siete días consecutivos".[4]

¿Estaré seguro hoy?

¿Te asombraría saber que entre las 12 preocupaciones de los niños de todas las edades, la seguridad personal ocupa casi el primer lugar?[5] ¡Pues así es! Fíjate que mientras estudiaba la vida de la mujer de Proverbios 31 para mi libro *Beautiful in God's Eyes* [Hermosa a los ojos de Dios[6]], descubrí que entre las muchas imágenes descriptivas que usaban los hebreos acerca del cuidado de su familia estaba una leona que atiende y cuida a sus crías. No se limita a alimentarlos, sino que los protege… ¡con furia! Apropiémonos de esta figura en nuestros hogares. ¿Cómo podemos defender con ímpetu a nuestros hijos? En casa ellos necesitan…

Protección de los hermanos: El hogar es un refugio para cada miembro de la familia. Enséñales a tus hijos que la casa es un lugar donde reina la paz. Claro, puedes divertirte y retozar con ellos. La risa gozosa es la norma del día. Pero no permitas que se pierda el control. Y cerciórate de que tus hijos no lastimen, molesten o les hagan daño a sus hermanos o hermanas.

Protección contra accidentes: Esfuérzate por establecer y reforzar medidas de seguridad. Es una labor permanente, pero enséñales a tus hijos a recoger sus juguetes, tanto en el interior como al exterior de la casa, prevenir caídas, raspaduras y fracturas. Recoge los cables eléctricos para evitar accidentes, y recubre los enchufes que no están en uso. Pon tus cajones y alacenas a prueba de niños con cerrojos seguros que les permitan a tus pequeños exploradores estar a salvo. Establece normas que incluyan consecuencias para los infractores, para salir a la calle, montar en bicicleta sin casco, entre otros. Invéntate un plan de acción para que todos usen el cinturón de seguridad.

Protección contra incidentes: ¿Tus hijos saben su nombre completo, dirección, número telefónico y lo que deben hacer en caso de perderse? (Nuestra nieto, Taylor, como todo niño en la ciudad de Nueva York, aprendió todo esto al mismo tiempo que la canción del alfabeto y "Jesús me ama" ¡Era un imperativo!) ¿Saben tus niños cómo teclear el número de emergencia para pedir ayuda? ¿Saben ellos qué hacer, decir, o no decir ante extraños?

Líbranos del mal.
MATEO 6:13

Protección por medio de la educación: Gran parte de la protección de nuestros hijos se lleva a cabo mediante la instrucción diligente. Otra de nuestras tareas como madres es instruir a cada hijo sobre los peligros que existen al estar en lugares o con personas incorrectas, de hablar con extraños, y de la pureza sexual.

La primera vez que leí el libro de Proverbios, no podía creerlo. ¡El autor de este libro de sabiduría, un padre, habla de "mi hijo" por lo menos 21 veces! Su consejo incluye instrucciones de cómo hacer las cosas y qué evitar, a fin de proteger a nuestros hijos. Este padre vehemente rogó: "Hijo mío, si los pecadores te quisieren engañar, no consientas… Hijo mío, los labios de la mujer extraña destilan miel… Ahora pues, hijos, oídme… Aleja de ella tu camino, y no te acerques a la puerta de su casa… Hijo mío, guarda mis razones… Para que te guarden de la mujer ajena… Ahora pues, hijos, oídme… No se aparte tu corazón a sus caminos[7]".

De este padre cuidadoso y autor de dichos sabios aprendemos una lección muy valiosa. Su instrucción para sus hijos brotaba del corazón, era directa y llena de detalles.

Él ofrecía detalles específicos e instrucciones claras. Este padre deseaba que su hijo supiera *exactamente* cómo se vestía, hablaba y actuaba una prostituta. Quería también que su hijo supiera *exactamente* qué ocurría con la persona que cedía a sus encantos. Y quería que su hijo supiera *exactamente* cómo evitar la tentación y la destrucción.

Protección de la Internet: Este nuevo recurso exige la protección de los padres. Nuestros hijos requieren una seria instrucción y nuestra participación activa. Aún me duele lo que pasó con una mamá cuyo niño veía pornografía en una red de computadoras educativas en la escuela. Parecía que otro niño de un grado superior quiso demostrar ante otros lo que era capaz de hacer en la red. La moraleja es: No podemos pensar que esto no podrá pasarles a nuestros hijos. ¡Podría incluso suceder en nuestras propias casas! Así que debemos estar resueltos a cumplir con nuestra parte y tomar las precauciones necesarias. ¿Qué medidas tomar? Adquiere un programa de computadora que restrinja el acceso a sitios de Internet peligrosos e intrusos indeseados. Construye un muro de protección impenetrable con numerosos filtros, restricciones, bloqueos y claves de acceso. Establece la norma de que los padres deben estar presentes con cualquier niño en edad escolar mientras usa la Internet. Mantén la computadora de la casa en la habitación familiar para supervisar el uso. Limita el tiempo de uso y establece uno para cada miembro de la familia. Revisa con regularidad los nombres de los sitios visitados por tus hijos.

> *No pondré delante de mis ojos cosa injusta.*
> SALMO 101:3

Protección de la televisión: La televisión puede convertirse en otro invasor de la salud mental y la pureza moral de nuestros hijos. Aquí batallamos también. Bloquea los canales sospechosos. Resiste con firmeza la moda de poner un televisor en la habitación de tus hijos, y más bien establece que todos vean la televisión en la habitación familiar. También puedes establecer límites en cuanto al tiempo permitido de ver televisión y a los programas vistos.

Hace poco escuché un mensaje de un padre que limitó el tiempo de televisión de sus hijos a una hora semanal. Él se sentaba con ellos mientras veían los programas previamente aprobados. Después conversaban acerca del programa. El mensaje concluía diciendo que en su vida adulta, sus hijos tenían televisores que rara vez usaban.

> *Oh cuidado mis ojitos lo que ven; oh cuidado mis oídos lo que oís.*

Durante los años de poca televisión aprendieron a emplear su tiempo y sus mentes en actividades mucho más interesantes.

Protección del sexo opuesto: ¿Has notado la progresión en este capítulo de los asuntos cotidianos de la comida y la seguridad en casa al tema crítico del sexo? El cuidado fiel de nuestro rebaño va mucho más allá de la alimentación diaria. Sí, las madres debemos velar por el bienestar físico de nuestros hijos, pero también por su bienestar moral y sexual. Ninguna herida es tan profunda y permanente como la pérdida de la pureza sexual.

Varios temas que ya hemos tratado sugieren este aspecto esencial de la vida de un niño, uno que requiere una activa participación de los padres. Nunca debemos olvidar que estamos en medio de una tremenda batalla por la pureza de nuestros hijos. Es cierto que vivimos en el mundo, pero no debemos sucumbir ante sus tentaciones, engaños y ausencia de normas.

Como una madre de Dios, establece las normas más elevadas para tus hijos (es decir, ¡tan altas como los cielos! ¡tan elevadas como la Palabra de Dios!) Trabaja sin descanso en comunicarles a tus hijos esas normas con claridad. Insiste en ellas con firmeza y respétalas en cada detalle. Si hay algo en lo que debas ser firme, intransigente y fervoroso, es en esto. Tus hijos necesitan saber que su pureza es de suma importancia para Dios, para ti y que también debe serlo para ellos.

Amada madre, habla con vehemencia. No temas que te consideren estricta, o mojigata, o anticuada. ¡Tú puedes con eso! Sin importar lo que pase, te alegrará saber que hiciste todo lo que estuvo a tu alcance, que hablaste, que fuiste diligente.

> *Huid de la fornicación… glorificad, pues, a Dios en vuestro cuerpo.*
> 1 Corintios 6:18, 20

Persevera en enseñarles a tus hijos la Biblia, y en tener un tiempo devocional en familia. Llévalos a la iglesia. Ayúdales a entablar relaciones con cristianos maduros, compañeros, mentores y líderes de la iglesia. Habla con franqueza y regularidad sobre los detalles de su vida diaria, sus normas y sus relaciones. Hazles saber que los amas y te interesas por ellos. Y por encima de todo, ¡persevera en la oración!

¿Por qué debo descansar?

¿Desearías que alguien te ordenara tomar una siesta? Aunque acostumbramos vivir con poco descanso y sueño, todos nuestros hijos necesitan descansar, aunque no cesan de preguntar el por qué. Todo el mundo se fatiga, se agota y experimenta tensión. Y si no se saca tiempo para descansar, ¡se puede esperar un agotamiento total! La falta de sueño priva a todos del descanso necesario para la buena salud, la capacidad y energía para realizar cada actividad y para tener una mente lúcida. Aun Jesús, en su humanidad, se cansó (Jn. 4:6). También comprendió la necesidad de descanso de sus discípulos y tomó la iniciativa para hacer una pausa y descansar (Mr. 6:31).

Nosotros también, como Jesús, procuramos el descanso necesario para nuestros "discípulos" en casa. El sueño es vital para el desarrollo de un bebé. Eso significa que las madres debemos establecer horarios para organizar los tiempos de sueño. Para los niños en edad preescolar ¡es una lucha completa! Eso significa que debemos mandar, infundir respeto y asegurarnos que descansen un rato, aunque no duerman siesta. Para los niños en edad escolar el descanso adecuado se logra acostándolos temprano.

Los niños mayores que hacen tareas, tienen compromisos, trabajos y los infaltables amigos, requieren sin duda otras estrategias. En ese caso velamos y estamos atentos a todo lo que hacen en la noche. (¿Recuerdas la mujer de Proverbios 31 que considera los caminos de su casa? ¡Esa eres tú, madre!) ¿Cuáles son los culpables? ¿Llamadas telefónicas? ¿La Internet, el correo electrónico o conversaciones electrónicas con amigos? ¿Programas de televisión? ¿Cafeína? ¿Azúcar? Por el bien de todos, en especial por tus hijos adolescentes, actúa con firmeza. Establece reglas claras en casa. Trabaja para eliminar o restringir todo lo que interfiera con sus deberes y la hora de dormir.

Respuesta del corazón

Es evidente que hay más, ¡mucho más! en lo que respecta al cuidado de tus hijos, que lo subrayado en estas pocas páginas. Y veremos más en la sección de "Pequeñas decisiones" a continuación. No obstante, vemos aquí el centro del corazón de una madre conforme al corazón de Dios. Es cierto que tal vez no nos parezca muy emocionante manejar un hogar, preparar comidas y lavar ropa sin parar, o vigilar a los hijos. Sin embargo, un corazón lleno de amor maternal hace todo eso.

¿Y qué pasa si eres una madre que trabaja fuera? Cuidar a tus hijos es igualmente importante, pero también más difícil. Y ya sabes por qué. Porque no pasas tanto tiempo con tus hijos como quisieras y ellos están parcialmente bajo el cuidado de otros. Algunas personas que cuidan a tus hijos comparten tus normas y creencias, pero por desdicha hay muchas que no. Esto significa que tendrás que intensificar tus esfuerzos al estar con tus hijos a fin de asegurarte que en tu ausencia respeten tus normas, que son las de Dios.

¿Y qué si tus hijos mayores están solos en casa un rato antes de que llegues tú o tu esposo? En este caso también deberás impartirles los límites y normas que rigen la vida en el hogar y las consecuencias que vienen por no acatarlos.

Amada madre, sé que los temas tratados en este capítulo también te inquietan. Tal vez nada he dicho que tú no supieras. Mi intención ha sido un poco la del apóstol Pedro con sus cartas. Él se consideró a sí mismo como alguien que *recordaba*. Le escribió a sus lectores: "Por esto, yo no dejaré de recordaros siempre estas cosas, aunque vosotros las sepáis, y estéis confirmados en la verdad presente". Expresó su deseo de despertarlos "con amonestación" (2 P. 1:12-13).

De ninguna manera sugiero que tu esfuerzo en este momento

sea inadecuado. Mi intención es recordarte (¡y a mí misma!) el llamado privilegiado de Dios de cuidar a tus hijos… de la mejor forma posible, con tanto celo como puedas recibir del Señor, y siempre que tengas la oportunidad.

Del corazón de un padre

"¿Cuántos niños tienes?" Apuesto que te han hecho esa pregunta miles de veces. Piensa un minuto y contesta en broma: "Tengo tres hijos. Dos niños, de 6 y 10 años, y uno de 35". A veces eso es verdad en parte. No sé qué pasa con nosotros los hombres en lo que respecta a nuestras familias. Somos unas máquinas incansables en el trabajo. Podemos mantener ocupadas todo el día a tres secretarias, manejar diez hombres en una construcción, prestar un servicio a otros todo el día y hasta la noche… pero cuando se trata de nuestros hijos, ¡podemos ser unos completos inútiles!

Como alguien que fue criado en un hogar de un padre muy trabajador, no creyente, que no fue ejemplar en el cuidado de su familia, permíteme darte algunas sugerencias acerca de cómo ayudar a tu esposo en este aspecto.

1. Considérate bendecida por Dios si tienes un esposo que ayuda a cuidar a los hijos en algo. ¡Es una especie extraña! Recuerda siempre darle gracias.

2. Si tu esposo no se interesa mucho, no lo veas como falta de carácter, sino más bien como falta de educación. Elizabeth me animó sin cesar para que yo fuera un padre más cuidadoso. ¿Cómo? Mira el punto #4.

3. Asegúrate de hacer todo lo que está a *tu* alcance para cuidar a tus hijos en los aspectos que te

atañen: Nutrición, seguridad, higiene, modales, sueño, amigos, tiempo de televisión, entre otros.

4. Después de examinar tu corazón y tu compromiso, siéntate con tu esposo. Hablen acerca de lo que deben hacer por los asuntos que te inquietan. Pídele su opinión y sugerencias. ¿Qué considera él que debe hacerse, implementarse, o mejorar?

5. Muchos aspectos del cuidado de los niños son tu responsabilidad. Por eso es importante que evalúes tu desempeño. ¿Quién mejor para hacerlo que tu esposo y el padre de tus hijos? Él observa tu trabajo de cada día. Pídele que lo evalúe. Y no te enojes si te manifiesta alguna crítica constructiva. Responde de manera positiva. Dale gracias por sus comentarios y sugerencias. Luego buscá a Dios y en oración evalúa sus comentarios. Tómalos como si vinieran del Señor y obra de conformidad con ellos. Y más adelante ¡pide otra evaluación!

6. Involucra y anima a tu esposo para que te brinde su apoyo y liderazgo, en especial a medida que los niños crecen. Permítele ser quien se ocupe de los amigos en la escuela, del currículo escolar, de las relaciones con el sexo opuesto, de las normas para el noviazgo y horas de llegada, y de las normas del hogar.

7. Pídele a tu esposo que lean juntos Job 1:4–5. Job se preocupaba por la condición espiritual de sus hijos adultos. Él oró y ofreció sacrificios por ellos en caso de que hubieran ofendido a Dios.

Ese es el modelo de cuidado diario e interés que Dios espera de ti y de tu esposo. Hagan juntos un pacto de orar por sus hijos, tengan uno o veintiún años. Dios observa tu cuidado de los hijos desde su concepción, y desea que los cuides siempre y sin descanso, aun si se trata solo de orar por hijos adultos que hace mucho salieron de casa.

*P*equeñas decisiones que
traen grandes bendiciones

1. Estudia con diligencia el tema de la dieta y la nutrición.

(¡Y no me refiero a dietas para bajar de peso... a menos que sea el caso!) La dieta es en realidad "un estilo de vida". Toda madre puede aprender siempre más acerca de la dieta y la nutrición. Después de todo, tú eres la responsable de ese aspecto de la vida familiar. Así que investiga en la biblioteca o en la Internet y estudia. Descubre cómo puedes mejorar la salud de tu amada familia.

2. Cenen juntos esta noche.

Si es posible, reúnanse todos a la misma hora. (¡Lo cual puede considerarse un milagro!) ¿Cuál será el menú? ¿A qué hora comerán? ¿Dónde? ¿Cómo puedes adornar la mesa? ¿Qué puedes hacer para darle un toque especial, divertido, original y que sea un algo memorable para la familia? Luego pon en práctica algunas de las sugerencias que presento en este capítulo y planea una cena familiar durante siete días seguidos.

3. ¿Alguien quiere hacer ejercicio?

En la prolongada jornada escolar siempre era bienvenido el descanso de la clase de educación física, ¿cierto? Planea igualmente actividades físicas para tus pequeños inquietos o sedentarios. Mantenlos físicamente activos. ¿Qué pueden hacer afuera? ¿Hay un parque cercano? ¿Una ruta para correr? ¿Una fuente para refrescarse en el verano? Sé creativa. Asegúrate que tus hijos hagan mucho ejercicio. Algo asombroso es que si se apaga la televisión, los niños siempre encuentran algo para hacer y por lo general terminan afuera.... jugando. El ejercicio promueve la salud, previene el exceso de peso y gasta el exceso de energías de tu familia.

4. Limita el tiempo frente al televisor.

Sin duda alguna la televisión puede ser de gran ayuda para las madres en la hora difícil, entre las cuatro y las cinco de la tarde. No obstante, solo por hoy limita el tiempo que pasan frente al televisor. Después de hacerlo durante unos días, diseña un plan que pueda funcionar para tu familia. ¿Cuáles son los mejores programas para tus hijos? ¿Cuáles quedan completamente descartados? ¿Cuál es el programa favorito de cada niño? ¿Cuántos minutos al día deben los niños ver televisión? Piensa en esto: Leí acerca de una familia que decidió no ver televisión tres noches en la semana.

Recuerda además un consejo de suma importancia: Encuentra las instrucciones para bloquear o quitar algunos canales de tu televisor. Si no sabes cómo hacerlo, puedes averiguar en la Internet según la marca del aparato.

5. Establece una rutina diaria.

Todos, incluso las mamás, son más productivos y se sienten mejor con su vida cuando siguen una rutina diaria. A esto se le llama "planeación horizontal", y consiste en tratar de hacer lo mismo, a la misma hora, todos los días.

Los niños también funcionan mejor con una rutina. A ellos les va muy bien cuando saben lo que viene y pueden anticipar los hechos. Esto les da confianza y sentido del orden. Establece una agenda para tu familia de lunes a viernes. (¡El sábado y el domingo son otra historia!) Habrá menos tensión y confusión, e incrementarán las conductas productivas, tanto en la casa como en la escuela.

6. Evalúa otras posibles causas de mal comportamiento.

¿Los niños se portan mal, responden con insolencia, están de mal humor y requieren más disciplina de lo habitual? ¿Están recibiendo alimentación adecuada, comidas a tiempo, buen descanso y sueño? Revisa lo que anda mal en casa y asegúrate de hacer todo lo que puedes para suplir sus necesidades.

7. Planea un poco de diversión.

¿De dónde procede la diversión familiar? Del corazón contento de una madre. Este libro habla de cómo amar a tus hijos. No olvides planear algo de diversión diaria con ellos.

8. Gózate leyendo Proverbios 31:10–31.

En medio de todo el ajetreo de tu vida planea un descanso especial, prepara tu bebida preferida, ponte cómoda y lee completo este poema. Observa la manera como esta madre, como tú, cuidó sus hijos. ¡Te sentirás animada en tu papel de madre conforme al corazón de Dios!

7

Lleva a tus hijos a la iglesia

Dejad a los niños venir a mí, y no se lo impidáis.
MARCOS 10:14

La familia que asiste a la iglesia obtiene grandes beneficios que trascienden generaciones enteras. ¿Lo crees? Es difícil imaginar y entender lo que puede significar para la eternidad asistir a la iglesia. Aunque los domingos son apenas un pequeño compromiso que ocupa una franja mínima de tiempo semanal, esta sencilla práctica poco a poco, sin falta y de manera constante, termina grabando en el alma algo sobrenatural. Tarde o temprano afecta una vida, un corazón y una familia de forma definitiva.

Sin duda alguna eso fue cierto en nuestra familia. Todo comenzó con padres que fueron fieles en llevarnos a Jim y a mí a la iglesia desde pequeños. Relato nuestras historias solo para demostrar que esta sencilla iniciativa de nuestros padres trajo los mayores beneficios en toda nuestra vida, que son eternos y que incluso se extienden ahora a dos generaciones más.

Una niña pequeña

En mi caso, mis padres nos llevaron a mis tres hermanos y a mí a la iglesia cada domingo. No recuerdo jamás haber sentido disgusto alguno de ir. Es decir, ¡era algo que debía hacerse! Y a un niño siempre le resulta atractivo, incluso (¡o tal vez especialmente!) a un adolescente. Yo por lo menos nunca me cansé de la iglesia. Quería mucho a mis maestros, y más adelante a mis líderes juveniles. Me gustaba mucho participar en todas las actividades y reuniones, entre ellas el coro juvenil. ¡Mientras más mejor! Y yo aguardaba ansiosa todo el año el campamento de verano de la iglesia.

El corazón de un niño es tierno y receptivo a las verdades y experiencias espirituales, y yo no era la excepción. Siendo pequeña, con vestidos de encaje, relucientes zapatos negros de cuero y moños que adornaban mi cabello ondulado, esperaba ansiosa el momento de sentarme en las pequeñas mesas y sillas de los niños para escuchar otra historia acerca de Jesús y luego las actividades y proyectos complementarios, hojas para colorear y canciones. Me encantaba aprender acerca de Dios, de Jesús y de héroes como Josué (¡y los muros que cayeron!) y David (¡que mató al horrible gigante con apenas una piedra y una honda!). Y todavía recuerdo mis años de adolescencia y cuánto me gustaba orar. Me asomaba por la ventana de mi habitación y escribía de mi amor por Dios. Escribía mis oraciones. Y me encantaba asistir a todas las actividades organizadas para mi edad, donde encontraba personas amorosas y amistades.

> *Por favor llévame a la escuela dominical y a la iglesia... disfruto mucho aprendiendo más acerca de Dios.*[1]

Como podrás darte cuenta en un momento, yo no me convertí a Cristo durante aquellos años en los cuales asistí a la iglesia. Sin embargo, alabado sea Dios, ¡se sembraron y regaron las semillas!

Un niño pequeño

Jim también creció con la costumbre de ir a la iglesia varias veces a la semana. Como ya lo he dicho, en su familia solo él (único hijo) y su madre (¡una verdadera madre conforme al corazón de Dios!) asistían. Como todo niño pequeño, Jim esperaba ansioso el momento de salir de la casa e ir a alguna parte, ¡donde fuera! Sus maestros de escuela dominical eran como parte de su familia. Y en la iglesia participaba en un club bíblico en el cual memorizó 600 versículos y ganó el premio mayor. (Eso es siempre bueno para todo niño. Solo piensa en lo que aprende. En la disciplina. En la emoción de ganar. ¡Y en la inestimable, eterna y viva Palabra de Dios sembrada en un corazón tierno!)

La gran influencia de la iglesia

Debo decirte que ni Jim ni yo seguimos asistiendo a la iglesia después de salir de nuestros hogares para ir a la universidad. Y después de conocernos allí, enamorarnos y casarnos, Jim era cristiano y yo no.

Ya como familia recién formada, pensamos que era un buen momento para volver a asistir a la iglesia. Así que fuimos... dos veces para ser exactos, los primeros dos domingos después de nuestra boda. Fuimos primero a la iglesia de infancia de Jim, y luego una vez a la mía. Sin embargo, como no podíamos ponernos de acuerdo, nunca volvimos... hasta que nuestras dos niñas tenían uno y dos años de edad. Y luego, puesto que la iglesia había sido parte de nuestra infancia, Jim y yo queríamos ofrecerles a nuestras hijas la misma experiencia. (Ya sabes a qué me refiero, *ellas* lo necesitaban, ¿no es cierto?) Así que empezamos a llevar a Katherine y a Courtney a la iglesia. Fue toda una travesía buscar una y otra vez en el directorio iglesias para visitar... hasta que por fin encontramos una que nos gustaba a todos.

¡Oh, amada amiga! Me falta espacio para contarte los detalles. Sería inútil tratar de describir la transformación que por la gracia de Dios experimentamos gracias a esta "pequeña decisión" de ir a la iglesia juntos. Por ahora permíteme decirte algo: En la vida de Jim y la mía, Dios usó la dedicación de nuestros padres de llevarnos a la iglesia… para que anheláramos ir… y llevar luego nuestros hijos… y por eso llegué al fin a ser cristiana y Jim renovó su compromiso con Cristo.

¿Y cuándo ocurrió esto? ¡Adivinaste! A su tiempo, nuestras pequeñas pusieron su fe en Cristo… y ahora llevan a *sus* pequeños a la iglesia.

Jesús y la iglesia

Según la Biblia, nuestro Salvador fue "llevado a la iglesia" (por así decirlo) por María y José, dos padres justos que buscaron obedecer la ley de Dios. En Lucas 2:41–42 vemos que los padres de Jesús "iban… todos los años a Jerusalén en la fiesta de la pascua; y cuando [Jesús] tuvo doce años, subieron a Jerusalén conforme a la costumbre de la fiesta".

> *Le damos un gran ejemplo a nuestros hijos si ponemos a Dios primero.*

Claro, Jesús era la plenitud de Dios y el perfecto Hijo de Dios, así que por ahora nos detendremos solamente en lo que hicieron sus padres. La Biblia dice que ellos "iban… todos los años a Jerusalén en la fiesta de la pascua" (v. 41). Aquí observamos que *fueron* fieles en llevar a su hijo, si bien era "el Santo Ser" (Lc. 1:35), para adorar en Jerusalén. ¿Por qué se molestarían en hacer un viaje tan fatigante de Nazaret a Jerusalén para la Pascua? Por su compromiso y amor a Dios, y porque era lo correcto.

El Salvador creció en un hogar donde las leyes divinas eran obedecidas, y donde se observaban con celo las fiestas anuales prescritas. En la familia y la cultura de Jesús, las familias adoraban juntas. De ninguna manera los padres dejaban a sus hijos en la iglesia y salían de compras o a un restaurante, como sucede hoy. No, los padres llevaban a sus hijos para adorar juntos.

¿Por qué es tan importante la iglesia?

Como creyentes del Nuevo Testamento, no estamos sujetos a la ley del Antiguo Testamento. Sin embargo, la clase de amor que José y María tuvieron por Dios como pareja, como hombre y mujer y como padres conforme al corazón de Dios, también arde en nuestros corazones. Y ese amor por el Señor nos mueve a obedecer sus mandamientos (Jn. 14:15). La Biblia nos exhorta a considerarnos "unos a otros para estimularnos al amor y a las buenas obras; no dejando de congregarnos, como algunos tienen por costumbre [o hábito], sino exhortándonos; y tanto más, cuanto veis que aquel día [de la reunión de los elegidos en la venida de Cristo] se acerca"[2] (He. 10:24–25).

¿Que importancia tiene reunirse con otros cristianos en la iglesia? Es algo que nos fortalece porque compartimos la misma manera de pensar en cuanto a la fe. Al congregarnos con otros creyentes, a pesar de vivir en el mundo, crecemos en nuestra fe en Cristo y en nuestra confianza en Dios. Somos apoyados y edificados en nuestra fe cristiana. Recibimos ánimo y consejo de otros y asimismo fortalecemos a otros.

Comencé este capítulo con esta declaración: "La familia que asiste a la iglesia obtiene grandes beneficios". Pero *tú* también ganas. Por ejemplo, ir a la iglesia... te da la oportunidad de escuchar el corazón, la mente, y la voz de tu pastor (Col. 4:16). Es un tiempo para unirte en adoración con otros hermanos (1 Ti. 2:8–12). Es un tiempo para unir tu voz a la de otros en alabanza a Dios (Mt. 26:30; Ef. 5:19). Es un tiempo para ofrecerle sacrificios al Señor (1 Co. 16:2). Es una oportunidad para compartir experiencias con jóvenes y viejos (Hch. 2:42).[3] Ninguna iglesia es perfecta. Asistir a la iglesia no te hace cristiano. Pero como ya dije, es

> *No hay nada más anticristiano que un cristiano solitario.*
> JUAN WESLEY

una experiencia supernatural, y cosas buenas suceden por causa de tu obediencia.

Traer los niños a Jesús

El niño Jesús creció para ser revelado y reconocido como Jesús Salvador. Y también habló de la importancia de hablarles a los niños sobre Él, su vida y sus enseñanzas. En una escena bíblica vemos padres que estaban ansiosos por llevar sus niños a Jesús. Observa lo que ocurre en Marcos 10:13–16:

> Y le presentaban niños para que los tocase; y los discípulos reprendían a los que los presentaban. Viéndolo Jesús, se indignó, y les dijo: "Dejad a los niños venir a mí, y no se lo impidáis; porque de los tales es el reino de Dios. De cierto os digo, que el que no reciba el reino de Dios como un niño, no entrará en él. Y tomándolos en los brazos, poniendo las manos sobre ellos, los bendecía".

¿Te preguntas por qué Jesús reprendió a sus discípulos que pensaban hacer lo correcto protegiendo a su Maestro de las molestias e interrupciones? Pues ellos pensaban, de manera equivocada, que los bebés y los niños eran incapaces de recibir algo de Jesús. Pero estaban errados. Además de abrazar y bendecir a los bebés y a los niños, Jesús aprovechó para exhortar a los que estaban presentes a recibir el reino de Dios con la confianza de un niño.

Hay algo más en esta escena tierna. También encierra una tremenda exhortación para los padres. "Las palabras de Jesús necesariamente cuestionan a los padres y a todos los que están cerca de ellos: ¿Ayudamos o impedimos que los niños vengan a Cristo? ¿Recibimos nosotros el reino de Dios con la confianza de un niño?"[4]

¿Qué de ti, madre? ¿Ayudas a tus hijos para que conozcan acerca de Cristo? ¿Acostumbras llevarlos a la iglesia? ¿Siempre?

Quisiera volver a citar aquí los resultados de la encuesta del doctor George Barna: "Es mucho más probable que las personas acepten a Cristo como Salvador a una edad temprana. La asimilación de la información y los principios bíblicos suelen estar en su mejor momento en los años previos a la adolescencia".

¿Y qué si...?

Volvemos al "¿Y qué si...?" ¡Es sorprendente que algo tan sencillo como ir a la iglesia pueda convertirse en una guerra campal!

¿Qué si... mis hijos no quieren ir a la iglesia? Primero que todo ¡ora! Luego sé firme. Tú eres el adulto, el padre, la persona que ha recibido de Dios la autoridad para instruir a tus hijos para la vida y para Él. Eres tú la responsable. Leí la sección de un libro que incluía "el principio de la crianza inflexible".[6] Me agrada eso. Tú no eres el mejor amigo o un compañero de tus hijos. Eso tiene su lugar, pero ante todo eres su madre. De modo que sé firme. No cedas, no retrocedas ni huyas. Establece las normas y las decisiones y mantente firme. Y si decides (junto con tu esposo, por supuesto) que tu familia va a asistir a la iglesia, entonces así se hará.

¿Qué si... soy una cristiana joven y mis hijos son mayores y no quieren ir a la iglesia? De nuevo ¡ora! Luego, dile a tu familia lo que has experimentado, cuéntales quién es Jesús y lo que ha hecho por ti. Explícales de qué manera asistir a la iglesia les ayudará a todos y también a ellos, que es algo que ha faltado en la vida familiar y que sientes no haberlo experimentado antes. Pídeles que te acompañen y lo vean por sí mismos. ¡Y no dejes de orar!

¿Qué si... por causa de un divorcio, mis hijos están con sus otros padres el fin de semana y no van a la iglesia? Esta vez ¡ora mucho más! El tiempo que compartes con tus hijos es vital. Dedica tiempo a nutrir tu corazón y el de ellos, enséñales la Palabra de

Dios, háblales acerca de Él, de Jesús, instrúyelos en sus caminos. Cerciórate de preparar a tus hijos para el momento en que te ausentas. Debes hacer tu parte y luego confiarle al Señor la vida de tus hijos. Él conoce tu situación. Él conoce la situación de tus hijos cuando están lejos de ti. Prepárate para acogerlos de nuevo… y sigue amándolos e instruyéndolos en la verdad.

Respuesta del corazón

"Llévalos a la iglesia". Esta sola decisión permite cosechar frutos hermosos y duraderos (y Dios lo quiera, ¡hasta la eternidad!) en el corazón y en la vida de nuestros hijos. Ya para concluir este compromiso de llevar a nuestros hijos a la iglesia, el más pequeño y fácil de cumplir, examinemos nuestro corazón de madres.

✓   ¿Cómo es mi asistencia y mi celo por la iglesia? La iglesia no es lo más molesto que tengas que hacer, sino lo mejor. Es un gran privilegio, y algo que podemos aguardar con ansias toda la semana. El salmista declara: "Yo me alegré con los que me decían: A la casa de Jehová iremos" (Sal. 122:1). ¿Es esta la actitud de tu corazón?

✓   ¿Con qué frecuencia asisten mis hijos a la iglesia? Se cuenta que cerca de una iglesia en Kansas, las huellas de dos pies de bebé que apuntan hacia la iglesia quedaron para siempre grabadas en la acera. Se dice que data de años, cuando fue construida aquella acera, y una madre conforme al corazón de Dios quiso que su niñito empezara bien y pidió permiso para plasmar sus pequeñas huellas en el cemento húmedo. Las huellas se ven claramente hasta hoy[7]. ¿Hacia qué dirección apuntan los pies de tus hijos?

✓ ¿Qué les impide a mis hijos ir a la iglesia? ¿El tiempo y esfuerzo que exige levantarlos, vestirlos, alimentarlos y salir por *sexta* vez en la semana? ¿El trasnocho de los sábados? ¿Otros compromisos familiares en el día del Señor? ¿Cuál es tu responsabilidad en todo esto?

✓ ¿Les estoy dando a mis hijos el mínimo o el máximo de participación en la iglesia? Todos los programas de la iglesia son fabulosos. Por ejemplo, en lugar de un culto para tus hijos, la mayoría de las iglesias ofrecen dos servicios de enseñanza y actividades para los niños. Ya que tu esfuerzo es grande en preparar a toda la familia para ir a la iglesia, sácale el máximo provecho. Pasa allí el mayor tiempo posible.

En lo que respecta a la iglesia y tus hijos involúcrate cuanto puedas. Programas de embajadores, clubes bíblicos, grupos por edades y mucho más.

¡Allí estarán! ¿Un campamento de la iglesia? ¡Allá van! ¿Noches deportivas? ¡Inscríbelos! ¿Días de campo y reuniones informales? ¡Envíalos con un poco de comida! ¿Fogatas en la playa? ¿Ágapes juveniles en la noche? ¿Reuniones los sábados? ¡Las oportunidades para el crecimiento espiritual son ilimitadas e irresistibles!

Amada madre atareada, yo he pasado por toda esa lista de actividades, ¡y más! cuando apenas empecé a ir a la iglesia con mis niñas pequeñas. Nuestra familia sabía cómo era la vida sin la iglesia... y no era buena en absoluto. De hecho, era vacía. Los domingos en la mañana nos limitábamos a dejar a nuestras hijas frente al televisor, dormíamos, leíamos el diario durante horas mientras tomábamos un café en pijama hasta que comenzaban los juegos por televisión.

¡Cuánto recuerdo la primera vez que pusimos el reloj despertador un domingo en la mañana! ¡Pero qué bendición! Es tanta, tan inagotable, transformadora y eterna. Ir a la iglesia nos permitió buscar todo lo bueno que podía sostenernos a lo largo de la semana. Afirmó nuestra familia en principios bíblicos. Inundó la atmósfera familiar cotidiana con el suave aroma de Cristo. Nos permitió conocer a otras familias y amigos cristianos. Le dio significado a nuestros días. Y permitió que nuestros pies, nuestro corazón y nuestra mente se alejaran de las cosas de este mundo y se encaminaran al amor por las cosas de arriba, por Cristo.

Todavía le doy gracias a Dios todos los días por esta maravillosa intervención en nuestra vida, por los amigos que tenemos Jim y yo, por los amigos y maestros que contribuyeron al desarrollo de nuestras hijas, por los compañeros que conocieron en la iglesia, y por nuestros siete nietecitos que ahora asisten a la iglesia y disfrutan sus clases, sus maestros y sus lecciones acerca de Jesús.

¡Qué bendición para ti y tu familia ser parte de una más grande, el Cuerpo de Cristo, la familia de Dios!

Del corazón de un padre

Debo decir que en lo que respecta a llevar los niños a la iglesia, la madre es la gestora principal. Claro que el padre puede ayudar, pero tú, madre, eres por lo general quien organiza la agenda para el domingo y el ritmo semanal que prepare el camino para la actividad dominical. Ya que vives con el domingo en mente, y por ver a tu familia reunida en la iglesia, planea todo durante la semana. Antes del domingo ya habrás planeado tus comidas, alistado la ropa y acostado a los niños temprano en la noche. Y todo esto con un poco de ayuda de tu esposo, espero... y que por cierto tal vez encaje en alguna de las descripciones que presento a continuación.

¿Qué si... mi esposo no quiere ir a la iglesia con nosotros? En esto sí soy un experto. Como ya sabes, mi padre no era cristiano. Sin embargo, mi madre le dio tanto bien en su vida que él me dejó ir a la iglesia con ella. Incluso durante el verano, mi madre y yo recorríamos unos 50 kilómetros por cada trayecto a la iglesia desde nuestra cabaña en el lago donde a mi padre le gustaba que nos reuniéramos cada fin de semana. Luego llegábamos al lago hacia la una de la tarde para prepararle el almuerzo a papá.

Estoy segura de que ella invitó a mi padre para que fuera con nosotros, pero no recuerdo que haya ido jamás a la iglesia, excepto cuando murió su madre. Así que, al igual que mi madre, sé la mejor esposa que puedas ser. Tu esposo verá la relación entre tu vinculación a la iglesia y tu vida en casa, y estará más que complacido en dejarte a ti y a tus dulces hijos salir por unas horas cada semana.

¿Qué si... mi esposo no quiere que los niños y yo vayamos a la iglesia? Esta es una situación difícil para ti como esposa y madre. Sabes lo que la iglesia significa para ti y para los niños, y es desafortunado tener un esposo que se oponga. Primero, examina tu propio corazón y evalúa tu conducta alrededor de tu esposo y al hogar. ¿Se siente él enfadado por tu *fe y contigo?* ¿Demuestras algún tipo de cristianismo que no es bíblico? ¿Tu esposo se siente desatendido? ¿Considera él tu asistencia a la iglesia como un motivo de división entre él y tú y los niños?

Pídele a Dios que te muestre de qué manera puedes demostrar mejor el amor de Cristo a tu esposo. Pregúntale también qué le molesta de tu asistencia a la iglesia. Trata de persuadirlo acerca de cómo la iglesia te ayudará a ser una mejor esposa y madre, y que sus hijos también experimentarán cambios positivos.

¿Qué si... trabajas el domingo? A veces resulta inevitable. Con todo, si llevar a tus hijos a la iglesia es una prioridad, entonces buscarás un horario que te permita tener tiempo para la iglesia, aun si esto significa menos ingresos. Dios honrará tu compromiso y, Dios mediante, tus hijos crecerán con un amor por Dios y las cosas de Dios, como asistir a la iglesia.

Una de las mayores bendiciones de un padre es ver que sus hijos ya mayores siguen sus pisadas y asisten a la iglesia. En ese momento agradeces a Dios haber hecho el esfuerzo de llevarlos a la iglesia en sus años de formación.

*P*equeñas decisiones que
traen grandes bendiciones

1. Repasa las lecciones de escuela dominical.

Lo que más me gusta de ir a la iglesia en familia es ver a los niños salir de su clase de escuela dominical corriendo con la lección en sus manos. ¡Están ansiosos por entregársela a mamá! Está atenta a lo que dicen mientras corren. No dejes extraviar esa hoja que es un tesoro en medio de todo el ajetreo de la despedida, la entrada al auto y la llegada a casa.

Luego realiza este sencillo ejercicio en casa: Siéntate con cada hijo y repasa la historia o actividad que aparece en la lección del día. Deja que te cuenten la lección… acerca de Jesús que sana a los ciegos, o cómo rodaron la piedra de la tumba, o el rollo escrito a mano que dice: "Toda la Escritura es inspirada por Dios". No pierdas la oportunidad de reforzar estas verdades en sus corazones. Y con los niños mayores, toca a la puerta, entra en su habitación y pregúntales lo que su maestro o pastor de jóvenes enseñó hoy. Escucha. Reafírmalos diciendo: "¡Qué bien… eso me gusta!" ¡Qué bendición es oír de primera mano cómo la Palabra de Dios obra en sus corazones!

2. Comienza la víspera.

Dedica la noche anterior a todos los preparativos. Piensa en convertirla en la "noche familiar" en casa. Empieza con un baño temprano. Elige y organiza la ropa y las Biblias que llevarán a la iglesia. Planea que tus adolescentes lleguen temprano a casa. Acuesta a los niños un poco más temprano. (Y no olvides prepararte tú también. Todo resultará más fácil al día siguiente). ¡Entonces deja que las bendiciones comiencen!

3. Reúnete con los maestros de tus hijos.

¿A cuántas reuniones de padres y maestros has asistido? Si tienes niños en edad escolar, tal vez muchas. ¿Por qué no entonces planear una reunión con el maestro de escuela dominical de tu hijo? ¿O quizá programar una corta charla después de clases para hablar sobre el desarrollo espiritual de tu hijo? ¿O invitar a este hermano a cenar con tu familia? Tú deseas conocer la vida espiritual de tu hijo tanto como la académica, ¿no es así? Entonces investiga: ¿Cómo se comporta tu hijo en clase? ¿Qué preguntas formula sobre asuntos espirituales? ¿Qué puedes hacer para reforzar y complementar la enseñanza bíblica en casa? Y sobre todo, ¿cómo puedes ayudar al profesor a guiar a tu hijo al conocimiento de Jesús?

4. Disfruta la iglesia al máximo.

Aprovecha al máximo tu tiempo en la iglesia. La iglesia es un recurso privilegiado que Dios te ha dado, así que aprovéchalo. La mayoría de iglesias tienen un culto de adoración y también un programa de escuela dominical para niños y adultos. Asiste a ambos. Si tu hijo tiene la edad suficiente, permanezcan juntos en el culto. A la hora siguiente pueden ir cada uno a su clase. La iglesia tiene mucho qué ofrecer a tus hijos. Además, decide participar en otros tiempos de oración, enseñanza y comunión. ¡Por tan poco tiempo semanal obtienes el máximo beneficio! ¿Qué es una hora comparada con las múltiples bendiciones y bienes que recibes por ir a la iglesia? Es muy poco tiempo a la semana, pero significa muchísimo desde la perspectiva eterna.

5. Habla de la iglesia.

Lo que hablas delante de tus hijos les dará una idea clara de lo que hay en tu mente y en tu corazón. Si la iglesia es importante (y lo es ¿cierto?), entonces habla de ella durante la semana. "Oigan, chicos, solo faltan tres días para la noche juvenil y el estudio bíblico. Repasemos los versículos para memorizar y revisemos la lección". Aprovecha cada oportunidad para incentivar el anhelo por asistir a la iglesia en tus hijos. "Vas a ver a tu buen amigo Tomás... o a Susana... o vas a escuchar la enseñanza de tu líder de jóvenes". Si cumples con tu parte, lo que para ti es importante será importante para tus hijos. ¡Así que habla! Abre tu corazón y tus labios y bendice a tus hijos hablando de la iglesia.

6. Lee "Generaciones de excusas".

Quise añadir el ingenioso y contundente artículo que presento a continuación. Toma una taza del té o bebida preferido, ponte cómoda y lee. Observa las "pequeñas decisiones" sutiles tomadas a lo largo de la vida y los efectos que prevalecen por generaciones. Detente, ora y mira si tu familia se encuentra en una situación similar. Y luego... bueno, ya sabes qué hacer. ¡Lleva a tu familia a la iglesia!

Generaciones de excusas[8]
por Mary Louise Kitsen

Amada Julia:

¡Dios nos ha bendecido a Raúl y a mí con un precioso bebé! Estoy ansiosa por contarte toda la dicha que él ha traído a nuestras vidas.

Me preguntaste cómo iba la señora Miller en la iglesia desde su accidente. Dicen que maneja su silla de ruedas con una facilidad asombrosa. Todavía enseña en la escuela dominical. Para serte sincera, Raúl y yo no hemos ido a la iglesia desde que nació Carlitos. Es tan complicado con un bebé pequeño. Me preocupa que se contagie de alguna enfermedad. Hay tantas personas con gripe en estos días. Cuando Carlitos sea un poco mayor será mucho más fácil.

Con cariño, Sara

Amada Julia:

¿Puedes creer que nuestro Carlitos ya tiene un año? Es tan saludable y activo, una preciosura.

No, en realidad no hemos empezado a asistir a la iglesia con frecuencia. Carlitos lloró tanto cuando tratamos de dejarlo en la guardería que me sentí incapaz. Pero al final hizo tanto ruido y se movía tanto en la iglesia con nosotros, que finalmente nos fuimos temprano. El pastor vino a visitarnos. Él nos aseguró que Carlitos estaría bien después de dejarlo en la guardería, pero aún no estoy lista para obligarlo. Cuando sea un poco mayor, será mucho más fácil.

Con cariño, Sara

Amada Julia:

¿Cómo manejar niños inquietos? Carlitos es muy curioso y yo simplemente no puedo controlarlo.

Todavía no asistimos a la iglesia con regularidad. Traté de dejar a Carlitos en la guardería hace unos domingos, pero no se la llevó bien con los otros niños. La semana siguiente lo llevamos al culto, pero no paró de moverse por todas partes. Antes de que pudiera detenerlo ya estaba lejos de nuestra silla. Varias personas que estaban cerca se sintieron molestas, pero después de todo, Carlitos solo tiene tres años. Será más fácil cuando sea un poco mayor.

Con cariño, Sara

Amada Julia:

¡Debo ser una madre terrible! Lo cierto es que Raúl y yo somos incapaces de mantener a nuestro niño bajo control. La semana pasada por salirse del puesto en un restaurante hizo que la mesera soltara una bandeja llena de comida. Y el domingo pasado logró escabullirse de nuestra silla en la iglesia, y sin darnos cuenta cómo, adivina dónde terminó: ¡Justo frente al pastor! Casi me desmayo de la vergüenza.

El pastor piensa que algunas horas en un preescolar le haría bien a Carlitos, pero apenas tiene cuatro años. Se calmará cuando sea un poco mayor.

Con cariño, Sara

Amada Julia:

Me parece tan emocionante ver a nuestro niño salir para la escuela cada mañana. Pensé que inscribirlo en el colegio sería difícil, pero la señorita Flores tiene mucho talento con los niños. Él se ve feliz como una perdiz.

No, Julia, Carlitos no ha empezado aún su escuela dominical. Su hermanita es apenas una bebé. Y ya sabes lo complicado que es alistarse para la iglesia con un nuevo bebé. Cuando Laura sea un poco mayor, todo será más fácil.

Con cariño, Sara

Amada Julia:

Cómo pasan los años. Carlitos ya está en quinto grado, y nuestra pequeña Laura acaba de empezar su jardín de infancia.

No, temo que no somos tan fieles como deberíamos en asistir a la iglesia y a la escuela dominical. Con el trabajo de Raúl y los niños en la escuela no logramos pasar mucho tiempo juntos en la semana. Y el sábado hay tantas diligencias por hacer. El domingo es realmente el mejor día para estar juntos y nos gusta levantarnos temprano. El domingo pasado fuimos de paseo al lago. Es bastante lejos. En realidad no es posible esperar hasta después de la iglesia. Estos años son tan especiales.

Con cariño, Sara

Amada Julia:

¡Definitivamente los adolescentes tienen sus propias ideas! Simplemente no logro hacer que Carlitos vaya a la escuela dominical, ni a la iglesia. Ni siquiera desea asistir al grupo juvenil. Las actividades le parecen "tontas". Tampoco le va tan bien en la escuela como Raúl y yo quisiéramos. Parece que no tiene una buena relación con sus maestros y los demás estudiantes. Desearía que viviéramos en otra ciudad. Parece que algo no anda bien en esta.

¿Y Laura? Ella asiste a veces a la escuela dominical, pero ya sabes cómo son los hijos menores. Ella cree que todo lo que su hermano hace y piensa es perfecto. Pero después de todo, los años de adolescencia son difíciles. Es un tiempo de ajustes. Después que Carlitos madure un poco, verá las cosas de otra manera, y lo mismo ocurrirá con su adorada hermanita menor.

Con cariño, Sara

Amada Julia:

Cuánto desearía que tú y Tom hubieran celebrado la boda. Fue tan hermosa. Carlitos lucía guapísimo y su novia era un primor. La iglesia se llenó y todo estuvo precioso.

No, Carlitos y su esposa aún no han empezado a asistir a la iglesia con regularidad. Pero después de todo son apenas recién casados. Disfrutan su vida juntos. Son tan jóvenes y viven tan enamorados. Pero pronto serán más conscientes y la iglesia se convertirá en parte de sus vidas.

Con cariño, Sara

Amada Julia:

¡Raúl y yo somos abuelos! Carlos y su amada Mónica tienen el más hermoso bebé que puedas imaginarte. Estamos muy felices.

¿La iglesia? Bueno, Raúl y yo no asistimos tanto como deberíamos. Raúl recibió un ascenso para volver a trabajar en la oficina, y a veces juega golf con su jefe el domingo en la mañana. Y Laura es ya una adolescente, y tiene sus propios intereses. Tan pronto cambien las circunstancias, iremos a la iglesia más seguido.

¿Carlos y Mónica? Bueno, ellos realmente no pueden

organizarse ahora para asistir a la iglesia. Sabes lo difícil que resulta con un bebé tan pequeño. Yo le advertí a Mónica acerca del riesgo de contagio de gripes que parecen rondar por todas partes. Cuando el bebé sea un poco mayor será más fácil. Estoy segura de que llegarán a ser miembros activos de su iglesia. Después de todo, Carlos fue criado por padres cristianos en un hogar cristiano… tiene un buen ejemplo para seguir…

Con cariño, Sara

8

Enséñales a tus hijos a orar

*P*areciera que los niños tuvieran un deseo natural de orar. Muy pocos pequeños rehúsan inclinar gozosos sus cabezas y dar gracias o pronunciar una oración antes de dormir. ¡Les gusta orar! Aun el bebé en su silla le encanta el ritual: Juntar sus manos, cerrar bien los ojos, inclinar la cabeza sobre sus manos recogidas, echar uno o dos vistazos, y repetir algo que suena como "¡Amén!", al terminar la oración.

En momentos de temor o duda, los niños también sienten la necesidad de orar. Se sienten motivados a hacerlo. Recuerdo muy bien que una maestra de una escuela pública en Los Ángeles me contó que el primer día de clases después de que ocurriera el terrible terremoto de 6,8 grados, sus pequeños estudiantes se reunieron alrededor de ella. La abrazaban cada vez que se presentaban réplicas del terremoto en la zona. Uno o dos niños incluso pidieron que se orara por ellos, o que los acompañara en oración.

Debido a que la ley prohibía que mi amiga orara con sus estudiantes, hizo lo que *estaba a su alcance*. Reunió a los niños y les permitió inclinar sus cabezas, cerrar sus ojos en un momento de silencio, y orar en silencio como pudieran.

Estoy segura de que en tu infancia te raspaste una rodilla (¡o dos!), o sufriste una caída desagradable (¡o más!). Y tal vez, como yo, acudiste a tus padres. De algún modo papá y mamá solucionaban todo y en poco tiempo ya te sentías mejor. Y si fuiste aún más afortunada, tus padres oraron contigo en ese momento.

Nuestras dos niñas, con tantas caídas, rasguños, y magulladuras propias de la infancia, acudían a Jim o a mí. Nosotros escuchábamos, las cuidábamos, las besábamos y consolábamos. Tratamos sus heridas. Alguna vez fuimos a la sala de emergencias para que les cerraran una herida. Y oramos. Con el paso del tiempo, "las caídas, rasguños y magulladuras" se trasladaron al plano de las relaciones interpersonales, con sentimientos heridos, amistades rotas, separaciones y pérdidas.

Aún hoy, cada vez que nuestras hijas ya mayores tienen excelentes noticias para contarnos o algún sufrimiento o decepción, nos llaman. Y entonces, de nuevo, nos alegramos o lloramos, nos preocupamos y buscamos solucionar, ayudar o consolar, según sea el caso. Y siempre oramos, en ese mismo instante, por teléfono.

Amada madre, la oración es importante para nuestros hijos en cualquier edad o etapa de la vida. Nosotros bendecimos e inspiramos sus vidas cuando nos ven y oyen orando, cuando oramos por ellos y con ellos… y sobre todo cuando les enseñamos a orar. Es otra manera de amarlos. Es algo que les enseñamos para toda la vida, especialmente para el futuro cuando no siempre estaremos cerca y tendrán que enfrentar todo solos. Además, es otra forma de enseñarles a servir a Dios con el gozo y el privilegio personal y ministerial de la oración.

La madre ejemplar

Ya conocemos una madre ejemplar en la misión vital de orar y enseñarles a los hijos a orar también. Su nombre era Ana, y Samuel era su pequeño hijo. Ana elevó a Dios una poderosa y magnífica oración de adoración en el momento de dejar al pequeño Samuel en el templo en Silo (1 S. 2:1–11). Y es probable que junto a ella, de rodillas, estuviera el pequeño Samuel, de solo tres años de edad.

No es de extrañar que el pequeño Samuel, que con seguridad escuchó esa poderosa oración salida del corazón de su madre, se convirtiera en un gran hombre influyente. Vemos primero que el niño Samuel ora y habla con Dios en el santuario (1 S. 3:3–20). Acerca de esta escena, Matthew Henry comenta que Samuel "adoró al Señor allí, pues hacía sus oraciones. Su madre, al prepararlo para el santuario, tuvo especial cuidado en enseñarle lo que sería su labor allí".[2]

> *¡No demos lugar al pecado de la falta de oración!*[1]

Más adelante vemos al niño hecho hombre, profeta y sacerdote que ora…

…por la nación en tiempos de gran agitación (1 S. 7:9)

…por un rey para el pueblo de Dios (1 S. 8:6)

…porque Dios demostrara su desagrado con el pueblo por haber pedido un rey (1 S. 12:17–18)

…con un corazón afligido por la desobediencia del rey Saúl (1 S. 15:11)

…para discernir la voluntad de Dios y ungir al nuevo rey, David (1 S. 16:1–12).

Podríamos preguntarnos, ¿dónde aprendió a orar con tal fervor y diligencia? ¡Tal vez en las rodillas de Ana!

Otras madres que oraron

Un día memorable para mí fue cuando leí por primera vez este llamado para las madres:

> La madre idólatra lleva a su bebé al templo del ídolo, y le enseña a poner sus manitas en su frente, en actitud de oración, mucho antes de que pueda pronunciar siquiera una palabra. Tan pronto puede caminar, le enseñan a recoger algunas flores o frutos, o poner un poco de arroz en una hoja de plátano, y ponerlo en el altar del ídolo. Tan pronto puede pronunciar los nombres de sus padres, se le enseña a presentar sus peticiones ante las imágenes. ¿Quién ha visto jamás a un niño pagano que pueda hablar, y no orar? Madres cristianas: ¿Por qué tantos niños crecen en esta tierra que Dios ha iluminado sin aprender a orar?[3]

Debo admitir que mis hijas crecían sin aprender a orar. Permití que pasaran días, años y oportunidades sin enseñarles a mis hijas a orar. Este relato me conmovió tanto como madre que lo guardé. Y para ser sincera, fue el combustible que necesité para avivar la llama de la oración en sus corazones.

Otras madres me mostraron cómo enseñarles a orar a mis hijas. (Y, como verás, también guardé sus palabras de inspiración después de leerlas).

> Valerie Elliot Shepard (una madre de ocho hijos) escribió esto a su ilustre madre, Elisabeth Elliot: "Cada noche al acostarme, ella cantaba y oraba por los dos".[4]

> La biografía de Billy Graham dice que "la madre de Billy

lo alentaba a participar, empezando con una corta oración repetida de antemano, en el tiempo devocional familiar, y a memorizar versículos de las Escrituras".[5]

Sin importar lo que los niños digan o hagan, todos quieren saber acerca de la oración. De hecho, como vimos antes, el 91 por ciento de los adolescentes de 13 años oran a Dios en su rutina semanal.[6] Al preguntarle a un adolescente qué desearía que sus padres hubieran hecho de otra forma, respondió: "Debimos haber tenido devociones familiares con regularidad, o al menos orado juntos todas las noches". Otro añadió: "Si me hubieran ayudado de manera sistemática a estudiar la Biblia y a orar, habría estado mejor capacitado para la vida independiente".

Por lo general, los adolescentes llevan vidas solitarias, a pesar de que están siempre rodeados por sus amigos. Alienta en ellos la convicción de que Dios se interesa por ellos y por todo lo que los perturba o tensiona. Cada vez que pasen a una nueva etapa o deban decidir acerca de sus actividades, anímalos a orar.[7]

Claro que oras con ellos. Pero guíalos también a la oración personal. Ofréceles como regalo un cuaderno especial según su personalidad e intereses, un estilógrafo que les gusta, y muéstrales cómo hacer y actualizar una lista de oración. Ayúdales también a establecer un horario que incluya 5 o 10 minutos de oración. Y ante todo, que te vean y escuchen orar. Tu ejemplo y dedicación son los mejores maestros.

Las madres me preguntan siempre cómo hacíamos Jim y yo para tener momentos devocionales en casa con adolescentes. Algo que practicamos era asegurarnos que todos estuvieran despiertos ¡y levantados! Luego cada uno a solas dedicaba 30 minutos a su "tiempo devocional". Era el momento de quietud para todo. Se cerraban las puertas, y todo estaba en calma.

Ignorábamos lo que nuestras adolescentes hacían detrás de su puerta. Tampoco entrábamos por sorpresa ni golpeábamos la

> *No puedes llevar a tus hijos a un nivel más allá del tuyo.*

puerta para cerciorarnos de lo que hacían. En cambio, les brindamos la instrucción, la estructura, los libros, las herramientas y el tiempo necesario para el crecimiento espiritual, que incluía la oración por cada aspecto de sus vidas.

Un recorrido por tu día

Cuando tengas un minuto para ti (¡y me río al decirlo!), examina tu rutina normal (¡y vuelvo a reír!). Piensa en aquello por lo cual tú y tus hijos deben dar gracias y en lo que necesitas la ayuda de Dios. Luego muéstrales el camino. Es acaso...

...¿la hora del desayuno? Dale gracias a Dios por la comida y ora para tener un buen día.

...¿el tiempo devocional? Cuéntale a Dios lo que has aprendido y pídele su ayuda para ponerlo en práctica.

...¿trabajo o labores cotidianas? Pídele ayuda a Dios con el desarrollo del carácter, porque tus hijos trabajen de corazón para el Señor, no solo para mamá (Col. 3:23).

...¿de salida para la escuela? Hagan una breve oración juntos y dense un abrazo.

...¿hora de estudiar en casa? Ora para que Dios te ayude a enseñar con claridad, y para que tu hijo aprenda, para que ambos hagan un buen trabajo.

...¿hora de hacer tareas? Enséñales a tus hijos a pedirle ayuda a Dios para cada proyecto.

…¿hora de llegada de la escuela? Alaba a Dios por otro día de aprendizaje y por el regreso a salvo al dulce hogar.

…¿hora de la merienda? Agradece por la comida (¡otra vez!) y ora por la actividad siguiente, por lo que cada uno se dispone a hacer.

…¿hora de ir a trabajar? Despide a tus hijos mayores con una oración y un beso. ¡Lo necesitarán! El mundo afuera es difícil.

…¿hora de comer otra vez? En cada comida recuerda que debemos participar de los "alimentos que Dios creó… con acción de gracias" (1 Ti. 4:3).

…¿hora de dormir? Ora con el mismo sentir de Susana Wesley, en su oración para terminar el día: "Te alabo Dios, por un día bien vivido"[8] (Otra sugerencia: No solo ora con tus hijos. ¡Acuéstalos con un beso!)

Como madre aspiro al mismo sentir del apóstol Pablo. Él le dijo a aquellos por quienes oraba: "Os tengo en el corazón" (Fil. 1:7). Y puesto que tengo a mis hijos en mi corazón (igual que tú), oro siempre… y fervientemente… por ellos.

Cómo impulsar a la oración

Ayuda mucho impulsar a tus hijos para enseñarles a orar. Sé creativa y previsora. Hazles preguntas.

No solamente los moverás a orar, sino que tendrás una idea de lo que ocurre en sus vidas. Empieza con algo sencillo. Para los más pequeños, empieza con un "¡Amén!" sincero y en voz baja. Luego sigue con oraciones más largas para dar gracias a la hora de comer. Enséñale a completar frases como:

"Jesús, gracias por…"

"Jesús, por favor ayúdame a…"

"Jesús, por favor ayuda a _____ para que…"

> *O*ra para que tus hijos "[persistan] en lo que [han] aprendido y [se persuadan], sabiendo de quién [han] aprendido".
>
> 2 Timoteo 3:14

Impúlsalos a orar más tiempo por bendiciones grandes o pequeñas que se presentan en sus vidas. Luego aumenta la complejidad a medida que crecen.

Pregunta: "¿Por qué te gustaría darle gracias a Jesús esta noche? ¿Hoy? ¿Ahora mismo? ¡No olvidemos decirle 'gracias' a Jesús! A cualquier edad, desde la más temprana, pueden responder esta pregunta… y orar en consecuencia.

Pregunta: "¿Qué te preocupa? ¿Por qué estás triste? Hablemos de eso ahora mismo con Dios. Él puede hacerse cargo de eso". Y de paso conversar de los asuntos que los inquietan, grandes y pequeños… y enseñarles a poner toda su ansiedad sobre el Señor (1 P. 5:7).

Pregunta: "¿Cuál es el mayor reto que enfrentarás hoy? ¿En qué te gustaría pedirle ayuda a Dios? Pidámosela ahora". Los niños mayores experimentan tensiones en la escuela (exámenes, calificaciones, desempeño), la presión de los compañeros (amigos y amigas), exigencias escolares y la presión de hacer lo correcto y hablar de su fe en Cristo.

Pregunta: "¿Tienes algún amigo especial por quien podemos orar? ¿Cómo podemos pedirle a Dios que lo ayude?" Este aliciente mueve a los niños a pensar en otros aparte de sí mismos, empezar a tener conciencia de otros y de sus necesidades, y a interesarse por los demás. Al incluir a otros en sus oraciones diarias su carácter crece.

Pregunta: "¿En qué crees que tu papá, hermano o hermana necesitan ayuda? ¿Qué gestos de amabilidad puedes practicar para alegrar sus días? Pidámosle a Dios que nos ayude a todos". Nunca es demasiado pronto para cultivar el amor familiar.

Orar siempre… por todo

Los escritores del Nuevo Testamento resumieron la importancia de la oración en nuestra vida: Debemos…

orar en todo tiempo con toda oración y súplica (Ef. 6:18),

orar sin cesar (1 Ts. 5:17),

orar unos por otros (Stg. 5:16),

orar por todo (Fil. 4:6),

orar con eficacia (Stg. 5:16) y

con persistencia (Hch. 6:4).

El objetivo es enseñar a nuestros hijos a hacer lo mismo, ya que nuestra intención es obedecer estos mandatos.

En el ir y venir de la cotidianidad familiar dale mucha importancia a la oración. Como solía decir mi antiguo pastor: "La oración es la respiración espiritual. Cada vez que inhalamos debemos exhalar en oración". Madre, esa es tu misión con tus hijos. Enséñales con tu vida que la oración es la respuesta natural y primordial ante cada circunstancia. A continuación, dos ocasiones más que ameritan tu oración espontánea, tu "respiración espiritual".

Ora con sus amigos. Cuando tus hijos invitan a sus amigos, vecinos o compañeros de escuela, de todas las edades, da gracias con ellos

en la mesa o a la hora de la merienda. Si tus hijos invitan a otros a
dormir en casa, ora por cada uno en el momento de "arroparlos". Si
en medio de una conversación sus amigos te cuentan un problema
o una inquietud, ora con ellos... como haces con los tuyos. ¡Eres
una madre que ora! ¡Eso es lo que haces!

Ora por teléfono. Cuando nuestra familia regresó a casa del
campo misionero, nuestras hijas ya eran adolescentes. Como "niñas
misioneras" de vuelta en los Estados Unidos, de un momento a otro
pareció que venían de otra época. Estaban como fuera de lugar,
culturalmente rezagadas. Me sorprendió ver que al entrar en la
escuela secundaria ellas empezaron a llamar a casa durante el día,
por lo general a la hora del almuerzo. Al principio no comprendí
lo que pasaba, pero al fin lo entendí. Ellas no tenían amigos, ni
nadie con quién comer o hablar. Al hacer una llamada telefónica
su soledad, confusión e incomodidad se desvanecían. Empecé
a orar con ellas por teléfono... para que el día transcurriera sin
tropiezos... y les decía que en pocas horas nos veríamos.

Jim también oraba con nuestras hijas por teléfono. Incluso hasta
hoy, cada vez que llaman él siempre les dice "Demos gracias a
Dios", o también "oremos al respecto", o "no quiero que colguemos
sin antes orar".

Aunque no lo expresen de manera clara, los niños llaman a casa
en busca de seguridad, afirmación, amor, sabiduría y para hablar
con alguien cercano que los ama. Si ellos llaman y nosotros no
oramos con ellos... ¡entonces podrían haber llamado a cualquier
otra persona para recibir consejo! Podrían llamar a la línea de
emergencia y *hablar* con alguien, pero te llaman a ti para que *ores*
con ellos. Puedes darles lo que nadie más les puede brindar: Tus
oraciones.

3. Unan sus voces en oraciones cortas a la hora de la cena.

Si tu esposo está de acuerdo y no le molesta, pídele que cada uno en la mesa diga una corta frase para darle gracias a Dios por algún suceso del día. (Esta es otra idea: Es útil animarlos a pensar a lo largo del día en aquello por lo cual quisieran dar gracias a Dios en la noche). Si lo haces con frecuencia, tus hijos empezarán a pensar en el día, sin necesidad de decirles, en lo que Dios hace en sus vidas para darle gracias. Ellos también serán entrenados para dar "gracias en todo" (1 Ts. 5:18).

4. Lee un libro de oraciones.

Existen muchos libros de oraciones conocidas, o de oraciones de grandes hombres y mujeres del pasado. Los puritanos eran famosos por sus libros de oraciones, entre los cuales estaba *The Valley of Vision*[9] [El valle de la visión]. Si a tu esposo le parece bien, él podría leer una oración cada mañana y luego pedirle a todos que añadan una corta oración relacionada con la que leyeron. ¡Eso es todo! Si papá prefiere no participar en la oración, entonces practica este ejercicio a solas con tus hijos cuando él está fuera.

5. Crea una lista familiar de oración.

¿Qué mejor forma de enseñarles a tus hijos la importancia de la oración y cómo orar que mostrándoles las respuestas a sus propias oraciones? ¿Cómo hacerlo? Creando una lista familiar de oración. Cada día, mientras hablan sobre las actividades del día y las necesidades de otros, tú, o alguno de los chicos mayores, se convierte en el "secretario" y anota en una lista las respuestas a esta pregunta: "¿En qué les gustaría pedirle ayuda a Dios? ¿Hay algún amigo especial por el cual podamos orar? Supe de alguien en la iglesia que necesita oración. ¿Cómo podemos pedirle a Dios que lo ayude?"

Esta clase de estímulos también llevan a los niños a pensar

en otros, a interesarse por otros y sus heridas y necesidades. Cuando tu familia ora por otros se estimula el crecimiento personal y espiritual. Luego, al final del día, a la hora de cenar o de dormir, o a la mañana siguiente, continúa con la oración. Pregunta: "¿Cómo ha contestado Dios tus oraciones...?" En seguida, anota la respuesta junto a la petición. Conserva las respuestas y rememora la bondad de Dios con los niños siempre que puedan. Muéstrales cómo obra Él en sus vidas por medio de la oración.

6. Ora todos los días con cada niño antes de dormir.

Es importante que tú, tu esposo, o ambos, celebren el ritual nocturno. Incluso pueden planearlo, lo que quieren decirle a cada niño, los versículos que quieren leer, lo que desean orar con cada uno. En los años por venir, tus hijos recordarán y dirán lo valiosos que fueron para ellos esos momentos. Y harán lo mismo con sus pequeños. Es posible que tus hijos protesten al principio, pero persevera. Se irán a dormir y despertarán al día siguiente con la certeza de que *alguien* se interesa por ellos... y de que Dios los cuida.

Las oraciones antes de dormir también se volverán el momento propicio para que tus hijos abran sus corazones y te comuniquen sus inquietudes, temores y alegrías. ¿Por qué? Porque ellos saben que no tardarás en orar por ellos. Y muchas veces la bendición viene de ellos. Un adolescente contó: "Mi madre se arrodillaba junto a mi cama en la noche y oraba por mí para desearme buenas noches. Fue durante esas oraciones que ella pudo confiarme sus sentimientos y preocupaciones".[10] No pierdas esos momentos inestimables.

9

$\mathcal{D}$a lo mejor de ti

Y todo lo que hagáis, hacedlo de corazón,
como para el Señor y no para los hombres.

COLOSENSES 3:23

e encantan los versículos que hablan de la gracia de Dios. ¡Quizá porque la necesito tanto! En especial en mi labor como madre. Supongo que eso es cierto para todas las madres, pues la crianza es algo difícil. Amamos a Dios. Amamos a nuestros hijos. Queremos seguir las instrucciones divinas para nosotras. Y queremos hacer nuestro mejor esfuerzo. ¡De verdad que sí!

Sin embargo, déjame contarte mi realidad. Tengo muchísimos anhelos, sueños y oraciones para mí como madre y para mis hijos. Sí que me muevo, y a toda máquina. Hago por el momento todo lo que creo que debo hacer ¡y más! Y entonces viene un mal día. Me desanimo y la crianza parece más exigente o menos gratificante que ayer. De algún modo algo se aceleró o desorganizó. Algo cambió y, sorpresivamente lo que funcionó ayer ya no funciona hoy.

Y entonces vuelvo sobre mis rodillas. Otra vez elevo mi oración y súplica a Dios en busca de sabiduría, discernimiento, de su amor, gozo, paz, paciencia, benignidad y dominio propio, de su fortaleza… y más que todo, de su gracia.

Y empiezo todo de nuevo. Después de mi fracaso, traspié, o llamado de atención, Dios vuelve a señalarme el punto de partida, mis prioridades como mujer y mi objetivo como madre.

Amada, esta es la realidad que toda madre enfrenta. Ser madre es un compromiso, una responsabilidad, y un llamado de Dios… para toda la vida. Y también nuestra mayor dicha *y* nuestro mayor reto. ¿Qué podemos hacer? Mi respuesta a este interrogante es siempre la misma: Solo podemos procurar hacer nuestro mejor esfuerzo. Es otra forma de amar a nuestros hijos.

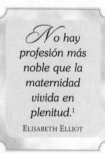

No hay profesión más noble que la maternidad vivida en plenitud.[1]
ELISABETH ELLIOT

Al abordar el tema en este capítulo tan esencial, permíteme presentar seis actitudes y consideraciones que te ayudarán a dar lo mejor de ti. Nota que hablé de "actitudes y consideraciones". No se trata de algo que debas *hacer*. Será más bien algo que debes *pensar* al enfrentar a diario tu "maternidad".[2]

1. Identifica con claridad lo que eres

Un día histórico para mí fue un domingo en la tarde. Fue el día en que Jim y yo nos sentamos a escribir algunas de nuestras metas en la vida. Nuestro corazón buscaba dirección para nuestro servicio a Cristo, nuestro matrimonio, como familia y como padres. Nuestras niñas eran pequeñas, todavía usaban pañales. Jim y yo anhelábamos hacer lo correcto, así que mi esposo oró… y empezamos juntos a solas con el Señor y durante varias horas a anotar ideas y establecer metas mientras las niñas dormían.

Al final de la tarde, salí con tres objetivos en mente que solo podrían llevarse a cabo por medio del poder del Espíritu Santo. Y no me cabía la menor duda de que exigirían de mi parte una gran dosis de crecimiento personal, ¡un giro de 180 grados!

Mi meta número uno que surgió aquella tarde de oración y búsqueda fue: "Apoyar y animar a mi esposo y a mis hijos". Son palabras sencillas. No parece algo extraordinario (a menos que hayas vivido para ti misma y descuidado a tu familia... ¡como yo!). Sin embargo, a partir de ese día inolvidable, supe exactamente quién era y lo que debía hacer: Soy esposa y soy madre. Debo amar a mi esposo y a mis hijos. En resumen, aquel domingo soleado, mi vida se puso en orden por primera vez.

Y hoy, sentada aquí pensando dónde estaba... y a dónde quería ir... y pensando en ti... y dónde podrías y quisieras estar... me doy cuenta de que cualquier meta de por vida es solo eso, una meta cuya realización tomará toda la vida. No obstante, esta sola meta me exigió a cuestionarme seriamente: "¿Quién soy yo?"

Estoy convencida que tú, y yo, y cualquier persona, solo puede dar lo mejor de sí cuando sabe quién es. Así que pregunto: ¿Sabes quién eres? Si tienes hijos, eres madre, una madre de Dios. Eso eres.

2. Identifica con claridad lo que haces

Hablé acerca de lo que significa amar a Dios por encima de todas las cosas en mi libro *Ama a Dios con toda tu mente.*[3] Amar a Dios con todo tu corazón, alma, y mente es, y siempre será, nuestra prioridad suprema (Mt. 22:37). En otros libros que he escrito hablo de ser una esposa amorosa.[4] Sin embargo, mi papel como madre es el tema de este libro. El objetivo de centrarme en mi familia me llevó a darme cuenta de que amar a mis hijos era mi mayor prioridad y responsabilidad, según Tito 2:3-5, después de mi amor a Dios y a mi esposo.

¡Qué libertad experimenté! ¡Saber por fin lo que soy *y* lo que debo hacer! De ahí en adelante empecé a concentrarme en ser la mejor madre que pudiera ser. Y bueno, con este enfoque la vida resultó más sencilla. Antes de saber quién era y qué debía hacer, yo me esforzaba por ser toda clase de cosas para toda clase de personas, incluso yo misma y tristemente fracasaba. Me di cuenta de que no podía servir a todas esas personas e intereses al mismo tiempo. No podía complacer a todos y hacerlo todo. Era imperativo para mí decidir a quién servir.

Fue entonces que decidí enfocarme en mi familia. Y esa elección también significó crecer en mi vida personal y en Cristo, lo cual hice. Fijé mi atención en crecer en la gracia de Dios, en mi conocimiento de Él por medio de su Palabra, y en mi andar con Él. Pronto empecé a entender mejor la asombrosa tarea que Dios me había dado, la de ser madre, ¡una madre conforme a su propio corazón! Empecé (al igual que tú ahora) a leer libros cristianos sobre crianza, pedagogía infantil y cómo enseñarles sabiduría y carácter piadoso.

> *Que enseñen a las mujeres jóvenes a amar... a sus hijos.*
> Tito 2:4

Ya han pasado 30 años desde aquel precioso día en que establecimos metas. Y debo decir que las metas fijadas aquella tarde nunca han cambiado, pasado ni mudado. Sí, mi nido está vacío en este momento en que te abro mi corazón, pero sigo siendo madre. Eso *nunca* va a cambiar. Y lo más hermoso es que ahora soy abuela de siete pequeños.

Debo ser sincera, si quiero meditar en los pronósticos de mi decisión, solo debo preguntarme: "¿Qué pasaría... si no hubiera establecido esas metas? ¿Qué pasaría... de no haber arreglado mis asuntos con Dios? ¿Qué si... no hubiera tomado algunas decisiones importantes y difíciles? ¿Qué si... las cosas hubieran seguido... en la dirección equivocada?"

En vista de lo anterior quiero animarte a dedicar una o dos horas (¡aunque suene gracioso!) para meditar en lo que eres y lo que debes hacer, o lo que se espera de ti. Escribir tus oraciones facilitará tu vida, esclarecerá tu objetivo, y transformará tu vida como madre. Con esa perspectiva tendrás lo necesario para dar lo mejor de ti. Tendrás 30, 40, 50 años (solo Dios sabe cuántos en realidad) para conocer, todos los días y con exactitud quién eres y qué debes hacer.

Amada, debes saber que cada día de tu vida el mundo te dirá que nada eres, a menos que seas una mujer bien centrada, convencida y diligente. El mundo dice que ser madre es algo anticuado. Dice que debes cuidar de ti, que tú debes ser el centro de todo, que tus hijos estarán bien sin tu cuidado constante. ¡Pero se equivoca! Puedes descansar y comunicarle con toda certeza y vehemencia al mundo lo que eres y cuál es tu deber.

3. Reconoce que no puedes servir a dos señores

Ahora entiendo que todo esto me enseñaba el valor del principio que estableció Jesús para nosotros y que se aplica a cada aspecto de la vida: No podemos servir a dos señores. Jesús declaró: "Ninguno puede servir a dos señores; porque o aborrecerá al uno y amará al otro, o estimará al uno y menospreciará al otro" (Mt. 6:24). Aunque Jesús se refería a amar a Dios o al dinero, su enseñanza acerca de un corazón dividido se aplica a muchos aspectos de la vida de una mujer, incluso a su papel de madre.

Te contaré cómo ha funcionado este principio en mi vida. Tenía dos niñas, de 1 y 2 años de edad… pero también deseaba obtener una especialización profesional. Así que me inscribí en la universidad con un horario completo, busqué a una niñera, empecé a dejar a mis bebés en una guardería muy temprano en la mañana y las recogía ya de noche. No cabe duda de que servía a un señor (mi educación) más que al otro (mi maternidad).

Luego, al convertirme a Cristo y escribir mis metas en la vida, me di cuenta de que servir a mi nuevo y definitivo Señor Jesús, significaba también servir a mi esposo y a mis hijas. Renuncié entonces a mi programa de maestría ¡y comencé el verdadero programa de mi Señor! Se podría decir que comencé una maestría en maternidad.

Por favor no me malinterpretes. No quiero decir que debas abstenerte de trabajar o tener una carrera o estudiar. Las mamás somos insuperables en lo que respecta a manejar, enfrentar y equilibrar las exigencias de la vida. Somos las mejores. ¡Lo logramos! A lo que me refiero es a que si tú consideras tu trabajo o carrera, tu educación o pasatiempos, e incluso tu ministerio como tu señor, como el centro de tu vida, de tu tiempo y energía, entonces has traspasado un límite a partir del cual será casi imposible dar lo mejor de ti a tus hijos.

Claro que habrá buenos momentos. Tomarás buenas iniciativas con tus hijos. Sin embargo, notarás en tu mente y corazón una lucha permanente con *lo otro*. Pronto tu energía se dirigirá a otra parte. Créeme que sé lo que digo, como madre que lo ha vivido y como hija de una madre profesional.

> *Un corazón dividido conduce a una vida fraccionada.*

Mi oración es que con la ayuda de Dios y por su gracia empieces a comprender quién eres, una madre, y que tu misión es dar lo mejor de ti a tus hijos. Aparte de Dios y tu esposo, todo lo demás es secundario.

4. No te compliques

Hace poco leí algunas estadísticas alarmantes acerca de las madres. Sabías que "el 70 por ciento de las madres en Estados Unidos dicen que la maternidad hoy les parece 'increíblemente agotadora'. El 30 por ciento de las madres de niños pequeños reportaron que sufrían de depresión. Novecientas nueve mujeres en Texas le dijeron hace poco a los investigadores que cuidar a sus hijos les parecía tan divertido como limpiar la casa, un poco menos agradable que cocinar, y mucho menos grato que ver televisión".[5]

Así me siento algunos días (ya sabes, aquellos días locos que toda

madre sufre de vez en cuando). Lo único que puedo decir para
ayudarte es que simplifiques tu vida. Esa es quizá la mejor estrategia
de supervivencia para madres. "Agotador" significa fatigante. Es
una condición de tensión causada por demasiada presión. A fin de
aliviar la fatiga y reducir la tensión y la presión, deja a un lado las
complicaciones. Por ejemplo...

> ...reduce los trayectos en el auto. Realiza menos diligen-
> cias personales (observa que no menciono las que son "ne-
> cesarias") cuando estás con los niños. Escoge uno o dos
> días a la semana para salir a hacer diligencias... en lugar de
> salir todos los días.

> ...prepara comidas más sencillas y sírvelas sin complicacio-
> nes. Cena más temprano. Prepara a los niños y acuéstalos
> más temprano. Termina tu día más temprano.

> ...podría mencionar un sinnúmero de detalles más como
> el orden y la limpieza, ¡pero para la mayoría de nosotras
> eso resultaría en más presión!

Mientras piensas en cómo simplificar tu vida, recuerda la fábula
de la liebre y la tortuga. ¿Quién ganó la carrera? La tortuga. ¿Por qué?
Porque la tortuga era serena, calmada, constante, y despreocupada.
Por su parte, la liebre andaba por todas partes, corría de un lado
a otro, agotada, y sin un objetivo claro. En todo su afán, la liebre
perdió de vista la meta. Estoy segura de que ya comprendiste el
mensaje: Vive sin complicaciones, serena y no pierdas de vista la
meta de ser una madre conforme al corazón de Dios.

5. No lo hagas sola

En la Biblia, María, la madre de Jesús, tenía a Elizabeth (Lc. 1).
Pablo tenía a Timoteo. Elías tenía a Eliseo. Moisés tenía a Aarón.
Todos estos poderosos hombres ¡y madres! de Dios necesitaban el

ánimo y el compañerismo de personas del mismo parecer. Hablaré más acerca de este importante aspecto para la supervivencia como madres en el último capítulo. Por ahora recordemos que Dios te ha rodeado de otras madres. Sin duda alguna en tu iglesia hay madres como tú. También hay mujeres mayores que te aventajan en experiencia, y quizá hay algunas que incluso han terminado la carrera.

Dios ha establecido la iglesia de tal forma que hay madres y mujeres jóvenes que necesitan aprender de las más experimentadas. A su vez, las mujeres y madres mayores pueden compartir su sabiduría y apoyar a las más jóvenes e inexpertas. Únete a otras madres. Permíteles guiarte en la dirección correcta, la de Dios. Recibe con agrado su sabiduría, la sabiduría divina. Acoge toda ayuda y oración que quieran darte y el ánimo que es imprescindible.

6. *Vive un día a la vez*

Si te detienes un segundo a pensar, podrías concluir que la maternidad es una labor agobiante. Ahí estás tú, con un ser humano que se te ha confiado y que vivirá por la eternidad. Por supuesto, Dios es el responsable definitivo del destino eterno de aquel ser, pero desde el punto de vista humano, tú y tu esposo son responsables de su desarrollo físico, mental y espiritual. Ahora bien, antes de que te angusties o sufras un colapso nervioso, toma seriamente el consejo alentador de Jesús acerca de centrar tus esfuerzos en el presente y nada más: "Así que, no os afanéis por el día de mañana, porque el día de mañana traerá su afán. Basta a cada día su propio mal" (Mt. 6:34).

Amada madre y amiga mía, solo preocúpate porque el día de hoy sea excelente. Procura ser la mejor madre que puedas... solo por hoy. Créeme, algunos días fallarás, pero no te des por vencida. La recompensa es demasiado grande como para no dar todo de ti cada día. Valora el día que vives. Recíbelo con gozo. Planéalo. Vívelo. Disfrútalo. Evalúalo. Hazle ajustes. (Acabo de recibir un correo de una madre que acaba de comenzar a educar a sus hijos en casa y confesó que se afanaba demasiado por sus labores, pero que después de evaluar, planear y ajustar un poco su día, había aprendido a "divertirse" con los niños. Ella escribió: "¡La pasamos de maravilla!")

¿Qué pasará cuando empieces a vivir un día a la vez? Vivirás un día maravilloso tras otro. No te apresures a que el tiempo pase.

¡El tiempo pasará! No pienses en que crezca rápido el bebé que amamantas y no tener que cuidarlo porque eso te quita tiempo para otras actividades. No te impacientes con el bebé que gatea o el niño pequeño que se inmiscuye en todo. No desees que pasen rápido los "terribles (¿o más bien grandiosos?) dos años", los agitados años de la adolescencia o las turbulentas vacaciones. Lo que importa es dónde está tu corazón y qué tanto disfrutas tus días con tus hijos.

Luego, tras haber culminado con la ayuda de Dios la educación de tu hijo para que tenga una vida hermosa y recta, puedes mirarlo con admiración y gratitud. Tendrás frente a ti una vida lista para tomar su lugar en la sociedad como un cristiano firme y entusiasta. Una vida que representa la siguiente generación piadosa. Una vida que reiniciará el proceso en otro hogar con otras pequeñas vidas. Como declaró el salmista: "[La] verdad [del Señor es] por todas las generaciones" (Sal. 100:5).

> *Siembra hoy tu mejor esfuerzo y cosecharás mañana las abundantes bendiciones de Dios.*

Respuesta del corazón

Estoy segura de haberlo dicho antes (¡y quizá lo repita!), pero vale la pena recordarlo. Tu maternidad es un asunto del corazón.

Esfuérzate con todo tu corazón en dar lo mejor de ti cada día con todos sus afanes, y no te inquietes por el futuro. Lo único que Dios te pide es que te consagres por completo a tu labor de madre… solo por hoy. Es solo un lapso de 24 horas. E incluso parte de ese tiempo (¡aunque insuficiente!) se pasará en sueño (¡si todo ocurre como se espera!).

Y recuerda, la entrega de tu corazón en el cumplimiento de tus prioridades empieza con Dios. Por consiguiente, que sea Él a quien buscas primero cada día. Reconócelo. Pasa tiempo con Él. Ora y preséntale tu día, con todos sus "afanes" (Mt. 6:34). Ya sabes, todos los accidentes, imprevistos, interrupciones y planes "B" que sin duda alguna surgirán. Renueva tus fuerzas en Él. Pon tu vida en orden ante Dios con una determinación firme.

Establece además tus prioridades como esposa. Luego, preséntale tu llamado supremo como madre. Reafirma lo que eres y lo que debes hacer… solo hoy. Evalúa tus prioridades, lo que es importante para ti, y más que nada, lo que es importante para Dios. Entrégale cada aspecto de tu vida… solo hoy.

Por último, en tu andar diario: "Reconócelo en todos tus caminos, y él enderezará tus veredas" (Pr. 3:6). Con cada asunto y decisión que enfrentas, detente, piensa y ora, al menos por un segundo. Pídele consejo a Dios. Pídele sabiduría (Stg. 1:5). A lo largo del día hazlo partícipe de cada pensamiento, de cada palabra que pronuncias ante tus pequeños tesoros. Ponlo en el trono de todo lo que haces. Si así lo haces, descubrirás que Él guía realmente paso a paso tu día y te ayuda a hacer todo lo mejor posible… solo hoy. Te guiará y capacitará para llevar a cabo sus propósitos, uno de los cuales es que tú seas madre.

Hay unos versículos que me animan a seguir en mi andar como madre y me inspiran a perseverar en dar lo mejor de mí. Los combino como si fueran uno y los uso todos los días, a lo largo del día: "pero una cosa hago…: [y] Todo lo puedo en Cristo que me fortalece" (Fil. 3:13 y 4:13). Como puedes ver, el apóstol Pablo, autor de estas palabras, tenía un objetivo. Y ese objetivo requería, y consumía toda su energía. Él nunca apartó sus ojos de la meta… y nosotros tampoco debemos hacerlo. Él lo entregó todo… y debemos seguir su ejemplo. ¿Qué hizo Pablo frente a las dificultades, cuando el camino se vuelve arduo y su fuerza disminuía? Sencillamente buscaba sus riquezas en Cristo Jesús (Fil. 4:19). ¡Así podía hacer *todo* en Cristo, su fuente de poder! Y tú también puedes.

Del corazón de un padre

Antes de que fueras madre eras esposa. Seguramente haces todo lo posible por apoyar y amar a tu esposo (Tit. 2:4). Das lo mejor de ti. Procuras darle "bien y no mal todos los días de [tu] vida" (Pr. 31:12). Bueno ¡sigue así! Tu matrimonio recibirá la bendición de Dios, y tu esposo será tu gran amigo mucho después de que tus hijos hayan crecido y salido del hogar.

¿Qué podemos decir de Proverbios 31:27 que dice: "Considera los caminos de su casa"? ¿Estás siempre vigilante como un centinela sobre tu casa y tus hijos? En los tiempos bíblicos la función y el propósito de un "atalaya" era vigilar y advertir. Tú, como madre, tienes una importante misión que Dios te ha encomendado: Amar a tus hijos (Tit. 2:4). ¿Cómo hacerlo?

Elizabeth te ha ayudado a redescubrir este llamado en tu vida. Puedes amar a tus hijos cuidándolos del mal y de los tropiezos que encuentran fuera de los muros de tu casa. Y la mejor forma de hacerlo es instruirlos en el camino de Dios, a fin de prepararlos para el momento de salir del hogar. Y esta instrucción comienza en los primeros años. Los comunistas decían: "Dennos a un niño durante sus primeros seis años de vida y luego podrán tenerlo de vuelta". ¿Por qué los seis años? Ellos sabían, como tantos educadores y científicos, que la mayoría del aprendizaje fundamental ocurre hasta los seis años de edad, aproximadamente. En seis años los comunistas podían adoctrinar a un niño en su ideología en tal medida, que ésta lo acompañaría de por vida.

La mayoría de los padres, incluso cristianos, aplazan

la instrucción hasta que su hijo "es mayor". Para el momento en que muchos padres cristianos inician con todo ahínco la instrucción espiritual, desde el punto de vista humano es casi demasiado tarde. El niño ya ha sido instruido en el camino del mundo.

Madre cristiana, ¿procuras dar lo mejor de ti para amar, instruir, vigilar y advertir? ¿O estás preocupada por otros asuntos? ¿Te has desviado un poco del camino señalado por Dios? ¿Tus prioridades en la vida están invertidas? ¿Poco a poco has dejado de proteger a tus hijos? ¿Le has confiado a otros la responsabilidad de enseñar e instruir a tus hijos? No le entregues al mundo la vida de tus hijos. ¡Pelea por sus almas! Batalla contra las fuerzas del mal. Vigila y advierte, ora y actúa. Los empleos, los pasatiempos y otras actividades vienen y van, pero el alma que se deja a merced del mundo puede perderse para siempre. Ora, haz tu mejor esfuerzo, y confíale a Dios los resultados.

¿Y qué si tienes que hacerlo sola? ¿Qué pasa si eres una madre sola que debe criar a sus hijos para la vida y para Dios sin ayuda de un esposo? O ¿qué ocurre si tu esposo viaja mucho, debe cumplir con un deber militar, trabaja largas horas, o no ayuda en la crianza de los niños? Nunca olvides que tú y cualquier madre, en realidad nunca están solas. ¡Dios esta allí! Él conoce tu situación. Él conoce todo lo que las madres experimentan y las dificultades que enfrentan. Él conoce a tus hijos y sus luchas. Pese a todo, Él te pide una cosa: Que como madre hagas tu mejor esfuerzo. ¡Dale gracias porque su gracia te basta, y su "poder se perfecciona en [tu] debilidad" (2 Co. 12:9)!

$\mathscr{P}$equeñas decisiones que
traen grandes bendiciones

1. Evalúa tu horario semanal.

Haz un tu mente una lista de todas tus responsabilidades y funciones. ¿Qué decisiones pequeñas has tomado en cuanto a actividades, inversión de tiempo, y metas personales que exigen la mayor parte de tu tiempo? ¿Y de tu energía? ¿Cómo se comparan estas decisiones con la que presenta Dios en Tito 2:4: "las mujeres jóvenes [deben] amar a sus maridos y a sus hijos"?

2. Vuelve a empezar hoy.

Como una madre ocupada, estoy segura de que te asombrará descubrir la cantidad de tiempo que a veces inviertes en otros propósitos aparte de ser la mejor madre que puedes ser. Sin embargo, tras haber evaluado tu horario, empieza a organizarte. ¿Qué actividades puedes cancelar con el fin de empezar a darle prioridad a tus hijos? El gran predicador Carlos Haddon Spurgeon, lo dijo de este modo: "Cuida a tus corderos, pues de lo contrario ¿de dónde obtendrás tus ovejas?"

3. Ámalos sin límite.

Anota: "Tres maneras de amar hoy a mis hijos" en una pequeña tarjeta y enumera tres pequeñas decisiones que puedes tomar hoy para decirles "te amo, eres mi tesoro" a tus niños grandes y pequeños. Escribe una tarjeta nueva cada mañana durante algunos días. El amor de Dios por ti es nuevo cada mañana… y también lo puede ser tu amor por los tuyos. Piensa en otros detalles novedosos y particulares mediante los cuales puedes manifestar amor a tus hijos.

4. Empieza siendo una madre más activa.

Si tu horario personal te impide involucrarte más en la vida de tus hijos, ora, y empieza con pequeñas decisiones que obrarán un cambio extraordinario en tu hogar. Comienza con la decisión de participar más en la vida cotidiana de tus hijos. Elige ser parte de su instrucción diaria. Todas las personas y en especial los niños, se desvían por naturaleza cuando se les deja vivir a su arbitrio. Como dice el proverbio: "El muchacho consentido avergonzará a su madre" (Pr. 29:15). Una madre debe recordar que los niños crecen bien si tienen límites firmes y seguros. Los límites que tú estableces son una muestra de tu amor.

5. Programa un momento para establecer metas.

¡Disculpa mi sonrisa al considerar esto una "pequeña decisión"! Lo cierto es que es fácil tomar tu agenda y elegir un momento para encontrarte con Dios y evaluar tu vida. No es complicado pasar dos horas en el salón de belleza para un tratamiento de belleza, o para viajar y asistir a un seminario de manualidades y aprender algo nuevo. ¡Alístate pues para el mejor tratamiento! ¡Aprende las habilidades más importantes! Toma la pequeña y vital decisión de pasar tiempo a solas con Dios. ¿Quién sabe? ¡Tal vez resulte ser un día memorable para ti!

10

*I*ntercede por tus hijos

Por nada estéis afanosos, sino sean conocidas vuestras peticiones delante de Dios en toda oración y ruego, con acción de gracias.

FILIPENSES 4:6

uchas veces he oído a Jim enseñar acerca del "hombre íntegro". En la cultura griega de los tiempos bíblicos, un hombre era íntegro en tres aspectos de su vida: Cuerpo, alma y espíritu. Cada parte debía recibir instrucción y madurar. Los griegos cuidaban su cuerpo, desarrollaban su mente y buscaban alcanzar cierto conocimiento espiritual y comprensión religiosa. La excelencia en cada aspecto era indispensable para ser considerada una persona íntegra o perfecta.

El niño íntegro

El mismo concepto es válido para la crianza. Debemos preparar, educar e instruir al "niño íntegro", sin olvidar detalle alguno de su ser. En lo físico, hacemos nuestro mejor esfuerzo por garantizarles un desarrollo saludable, fuerte y pleno. En lo mental procuramos educarlos e instruirlos para una vida productiva. En lo espiritual, en cambio, enseñamos, instruimos, les mostramos el camino, *¡y oramos!* Todo esto, porque el desarrollo espiritual es una batalla. Así lo explicó el apóstol Pablo: "Porque no tenemos lucha contra sangre y carne, sino contra principados, contra potestades, contra los gobernadores de las tinieblas de este siglo, contra huestes espirituales de maldad en las regiones celestes" (Ef. 6:12).

Es aquí donde la oración y tu dedicación espiritual revisten la mayor importancia. En este capítulo vemos la actividad más decisiva de todo lo que puedas hacer por tus hijos. Es privada. Es personal. Se realiza a solas. Y es espiritual. ¡Me refiero a la guerra espiritual! No se trata de algo que hacemos *con* nuestros hijos sino a solas, y aún así... de alguna manera... permite lograr cosas asombrosas *en* ellos. Amada madre, es la oración, y estas son las cinco principales peticiones de tu lista de oración... la lista de una madre conforme al corazón de Dios.

> *¿Por quién orar sino por tus hijos? ¿Ante quién interceder por ellos sino ante Dios?*

1. Ora por la salvación de tus hijos

Esta semana, mientras Jim y yo estábamos en una conferencia, nuestro nietecito Ryan llegó a este mundo... ¡con cuatro semanas de anticipación! Aunque habíamos planeado todo para acompañar a su madre y a toda la familia durante dos semanas antes y después de su posible fecha de nacimiento, él prefirió sorprendernos. Estoy muy agradecida con la coordinadora del evento que imprimió para nosotros una fotografía de nuestro nietecito recién nacido para que pudiéramos verlo. Bueno, a partir de ese momento comencé a besar la fotografía y a decir: "¡Aquí está el pequeño por cuya salvación he orado!"

Así lo hicimos con nuestras hijas. Durante sus años de crecimiento yo oraba todos los días por mis dos niñas para que conocieran a

Cristo, y creyeran en Él como su Salvador. También oraba siempre por sus futuros esposos con 20 años de anticipación, pedía que amaran a Cristo y que sus vidas le pertenecieran a Él. Y por la gracia de Dios, nuestras hijas y sus esposos son ahora dos familias cristianas con siete hijos. Y, como podrás imaginar, ahora estamos ocupados orando por la salvación de la siguiente generación… y por sus futuros cónyuges… y, bueno, ya sabes de qué se trata. ¡Es un asunto de dimensiones eternas!

Amada madre, no sé cuánto tiempo al día tengas para orar a solas por tus hijos y por la salvación de su alma, pero nunca podemos desestimar su valor e importancia. La manera como organicé mi oración por mis hijas por décadas fue asignarle un lugar especial en mi cuaderno de oración. La lista no decía "niñas", sino "Katherine y Courtney". Usar sus nombres le imprimía un carácter mucho más personal. Como puedes ver, ellas eran (y son) mi pasión, y mi tiempo de oración por ellas (y por mí), una inversión eterna. Ellas eran y son mi mayor tesoro. En una sección de mi cuaderno de oración tenía tres páginas en las cuales hacía anotaciones diarias. Estas son:

> ¿Quién es la persona más indicada para orar por el segundo nacimiento de un hijo que la madre que lo dio a luz?

Página 1: Peticiones generales por las dos.
Página 2: Peticiones específicas por Katherine.
Página 3: Peticiones específicas por Courtney.

Con esta estructura podía orar por asuntos generales que competían a las dos niñas, como su salvación y crecimiento espiritual, la seguridad en la escuela, los amigos, un carácter piadoso y su participación en la iglesia. Esta clase de oraciones rara vez cambiaban, y se aplican a todos nuestros hijos, tuyos y míos.

Después de orar por los asuntos "capitales", entre los cuales la vida eterna ocupa el primer lugar, pasaba a las páginas individuales y oraba específicamente por las necesidades de cada una, como respetarnos a Jim y a mí como sus padres, problemas médicos, hábitos, actitudes, dificultades escolares, relaciones difíciles, una entrevista de trabajo, una solicitud para ingresar a la Universidad. Ya que cada uno de tus hijos es un único, la lista de oración que puedes diseñar para cada uno también lo es.

Hay muchas cosas que como madres podemos pedir en oración por nuestros hijos, pero sin duda alguna su salvación encabeza la lista. Puedes orar lo que yo llamo "la oración de Lidia", relatada en Hechos 16:14: "Señor, por favor abre el corazón de [el nombre de tu hijo] para que reciba el mensaje del evangelio". Si por la gracia de Dios este milagro ocurre, entonces el paso siguiente es orar por su "santificación", por su crecimiento espiritual, por su semejanza a Cristo.

2. Ora por los amigos de tu hijo

Aparte de la enseñanza y la predicación que preparan el camino para este aspecto crucial de la vida de todo niño, que son sus amigos, ¡la oración es lo primero! ¡Oración constante durante años! Es vital hacerlo, dado que los amigos de un niño son muy importantes en su vida. Pablo declaró: "No se dejen engañar: 'Las malas compañías corrompen las buenas costumbres'" (1 Co. 15:33, NVI). Proverbios enseña también: "No te entremetas con el iracundo, ni te acompañes con el hombre de enojos, no sea que aprendas sus maneras y tomes lazo para tu alma" (Pr. 22:24–25). ¡Por eso oramos las madres!

Esto fue lo que me sucedió como madre al orar por los amigos de mis hijas. Cada vez que ellas hablaban de sus amigos y que yo podía conocerlos en persona, ponía sus nombres en mi lista de oración de cada una. Oraba por la salvación de sus amigos y por un carácter piadoso. Oraba por sus hogares. Oraba para que fueran una buena influencia sobre mis niñas… ¡y también mis niñas para ellos!

Asimismo, cada vez que invitaban a mis hijas a la casa de un amigo o a alguna actividad en grupo, oraba pidiendo sabiduría. ¿Era la persona correcta? ¿La actividad correcta? ¿Era la cantidad de tiempo indicada (o excesiva)? ¿El momento propicio de sus vidas? (Por ejemplo, ¿a qué edad deberíamos permitirles dormir en otra casa o salir de compras con sus amigos?) ¿Cuál era la mejor hora del día? Claro que todo esto lo discutíamos con Jim, pero también consultaba a mi Esposo celestial.

¿Y qué de los amigos del sexo opuesto? Toda la oración que acabo de mencionar se duplica, ¡e incluso triplica! para este delicado aspecto que exige la mayor atención de parte de una madre. Algo que ayudó muchísimo fue la previsión de mi esposo. A nuestras dos hijas les había propuesto anotar, en sus propias palabras, las normas bíblicas para el tipo de novio que tendrían. Estas listas se escribieron antes de los años de adolescencia, y antes de que las hormonas y la presión de grupo aparecieran, y fueron elaboradas con sumo cuidado. Más adelante, cada vez que un joven se acercaba a nuestras hijas, Jim les decía: "Miremos tu lista, amada y veamos los requisitos que anotaste para un novio". Sacábamos la lista del armario y juntos la revisábamos. ¿Ese joven cumplía con los requisitos divinos? Después de contestar la pregunta, era evidente la decisión que nuestras hijas debían tomar… sin importar lo que sintieran.

Amiga mía, esas listas escritas a mano se convirtieron en la pauta que determinó nuestras oraciones *y* las de nuestras hijas… muchas veces. Y luego, por supuesto, si algún joven cumplía los requisitos, ¡aparecía en el primer lugar de la lista de oración de mamá! Mejor dicho ¡en letras mayúsculas! ¡Ese era un asunto de extrema seriedad que yo debía atender con la ayuda de Dios!

Si me lo preguntas, yo te aconsejaría leer con tus hijos todos

Alguien que te acerca más a Dios es tu amigo.

los días pasajes de Proverbios. ¿Por qué Proverbios? Primero, porque la doble finalidad del libro es "capacitar para una vida justa mediante la sabiduría y la instrucción... y desarrollar el discernimiento".[1] Como lo explica el autor de Proverbios, el objetivo del libro es "dar sagacidad a los simples, y a los jóvenes inteligencia y cordura" (Pr. 1:4). ¡Qué bendición para nuestros hijos! Y segundo, porque gran parte de este pequeño libro de sabiduría alude a diferentes tipos de persona y situaciones, y cómo reconocerlas. En lenguaje cotidiano Proverbios describe a buenos y malos, justos e injustos, sabios e insensatos. Al conocer Proverbios, tus hijos adquirirán la sabiduría divina en lo que respecta a la clase de amigos que deben buscar y aquellos que deben evitar a toda costa.

Sin embargo, no te conformes con leer Proverbios. ¡Ora como solo una madre puede hacerlo! Ora con las palabras del Salmo 1:1-2:

> Señor, permite que [el nombre de tu hijo] no ande en consejo de malos, ni esté en camino de pecadores, ni se siente en silla de escarnecedores, sino que en la ley del Señor esté su delicia.

3. Ora por la pureza de tu hijo

Ya he mencionado 1 Tesalonicenses 4. Es un pasaje maravilloso que habla sobre la pureza y que puede servirte para predicar, enseñar... y orar por tus hijos: "Pues la voluntad de Dios es vuestra santificación; que os apartéis de fornicación; que cada uno de vosotros sepa tener su propia esposa en santidad y honor; no en pasión de concupiscencia, como los gentiles que no conocen a Dios; que ninguno agravie ni engañe en nada a su hermano... Pues no nos ha llamado Dios a inmundicia, sino a santificación" (vv. 3–7). Con base en estos versículos puedes enseñar, predicar y orar brevemente, así:

- ⊛ Dios ha revelado su voluntad en cuanto a la pureza sexual.
- ⊛ Evita todo pecado sexual.
- ⊛ Tú puedes controlar tu cuerpo.
- ⊛ Las normas de Dios son contrarias a las del mundo.
- ⊛ La expresión sexual es exclusiva del matrimonio.
- ⊛ Nunca tientes, engañes, ni te aproveches de alguien en el aspecto sexual.
- ⊛ Estamos llamados a la santidad y Dios nos ayudará a cumplir ese llamado.

Amada madre que oras, es por esto que oramos primero por la salvación de cada hijo, y en segunda instancia por sus amistades. Ambas oraciones preparan el camino para la que involucra la vida sexual. Convierte estos versículos de 1 Tesalonicenses 4:3–7 y su instrucción en una oración parecida a esta:

> Señor, oro para que [el nombre de tu hijo] se aparte de fornicación, que aprenda a mantener su cuerpo en santidad y pureza, que no ceda a la tentación ni agravie ni engañe en esto a otros, que comprenda que Dios nos ha llamado a la santidad y a la pureza.

4. Ora por el trabajo escolar de tu hijo

¿Tus hijos son pequeños? Entonces procura que el aprendizaje sea algo divertido. Eso, no obstante, requiere tiempo. Así que ora por el tiempo que pasas con ellos para que el aprendizaje juntos sea una dicha.

A medida que tus hijos crecen, tal vez no se sientan tan motivados a aprender. Esto representa un nuevo motivo de oración por ellos, para hablarle a Dios acerca de su educación y trabajo escolar. Por lo general ¿qué te motiva a hacer algo? Casi siempre nos motiva conocer la razón por la cual lo hacemos ¿cierto? Si tienes una razón, estás más motivada a realizar ese trabajo. Ora entonces para que puedas ayudarles a tus hijos a entender la importancia de aprender, y más específicamente, de su trabajo escolar. Siéntate y explica el deseo de Dios de que hagamos todo bien, incluso las tareas escolares, que esa es la forma de prepararnos para el futuro, un futuro de servicio a Dios que Él ha planeado para todos nosotros. En otras palabras, ese es el "por qué".

Incluye pues en tus oraciones la disposición de tus hijos para trabajar y el deseo de hacerlo bien. Al mismo tiempo, supervisa el trabajo escolar de los niños. Hazles saber que te interesa lo que hacen. Como recordatorio, pide también sabiduría para ti y para ellos, con el fin de ayudar a cada hijo en la elección de su camino vocacional y laboral.

> *Ninguna labor es demasiado pequeña para hacerse bien.*

Durante décadas oré por los maestros de mis hijas. Esto es un imperativo para una madre conforme al corazón de Dios, estén tus hijos en una escuela privada o secular. Ora para que Dios les conceda su gracia salvadora. Ora para que tus hijos sean testigos fieles de su fe en Dios. Y si tu hijo asiste a una escuela cristiana, ora por sus profesores y el andar de ellos con Dios. También ora por la enseñanza que reciben de sus maestros. La escuela es una parte esencial de la vida de un niño, y por ende ocupa un lugar prioritario en tu vida y en tu oración. ¿Y si educas a tus hijos en casa? Ora para ser diligente en tu preparación para educarlos, y para que tus hijos atiendan a tus enseñanzas. Tus oraciones deben abarcar todos los aspectos de la educación de tus hijos. Ora según las palabras de Colosenses 3:23–24:

Señor, que todo lo que [el nombre de tu hijo] hace, aun su trabajo escolar, lo haga de corazón, como para el Señor y no para los hombres.

5. Ora por la participación de tu hijo en la iglesia

Es asombroso ver que los niños pequeños quieren siempre participar en las actividades que realizan sus padres, especialmente en la iglesia. No obstante, a medida que crecen, esto exige algo más. Por eso Jim y yo oramos desde que nuestras hijas eran muy pequeñas por su salvación. Si el Espíritu Santo no mora en un niño, cada vez le interesará menos la iglesia. Vemos pues que una relación con Cristo como Salvador es el punto de partida para nuestras oraciones.

Y al tiempo que oras para que Dios abra sus tiernos corazones, llévalos a la iglesia. Esto les ayudará a crear el hábito de asistir a la iglesia. Como padres, instituimos esta costumbre familiar de asistir a todos los cultos. También procuramos que nuestras hijas participaran en todas las actividades según la edad, entre ellas los campamentos. Sacrificamos todo lo que fuera necesario, sea tiempo, dinero o comodidad. No queríamos que perdieran oportunidad alguna para que el Espíritu de Dios obrara en sus tiernos y sensibles corazones.

Tú y yo podemos, y debemos, orar con fervor para que nuestro hijo participe en la iglesia. Sin embargo, debemos recordar también que su participación dependerá de la nuestra, en especial cuando son mayores. Ora por sus clubes bíblicos, las actividades de la iglesia, los grupos juveniles, los cultos y los campamentos. Concédele más importancia a todo esto que a su trabajo escolar. Y pon a sus maestros de escuela dominical o pastores de jóvenes en la lista diaria de oración. Ellos son personas de gran influencia en la vida de tus hijos, y sin duda alguna desearás orar por quienes les enseñan acerca de Dios y su andar con Él.

Al orar por tus hijos y su participación y aprendizaje en la iglesia, ora según las palabras de 2 Pedro 3:18 y Efesios 4:15:

Señor, que [el nombre de tu hijo] crezca en la gracia y el conocimiento de nuestro Señor y Salvador Jesucristo. Que crezca en todo en aquel que es la cabeza, esto es, Cristo.

♡
—— *Respuesta del corazón* ——

Piensa por un momento en la oración. En el estudio que nos ocupa en este libro hemos descubierto que tenemos mucho por *hacer*. Por ejemplo, que debemos dedicar tiempo a nutrir nuestro propio corazón. Asimismo, enseñar, hablar, instruir y cuidar a nuestros hijos. También debemos llevarlos a la iglesia, enseñarles a orar, y dar lo mejor de nosotras. Son muchos *deberes prácticos*.

Sin embargo, el deber más importante que tenemos para con nuestros hijos al amarlos, el que nos ocupa en este capítulo y que es totalmente espiritual, no es una actividad más que *hacemos*. *Oramos*, y es una labor espiritual. Es el poderoso ministerio que llevamos a cabo cada vez que intercedemos por nuestros hijos. Es el tiempo en el cual le rogamos, imploramos, suplicamos y pedimos a Dios que obre en sus vidas. Es cuando nos presentamos ante Él con plena confianza, y nos acercamos a su trono de gracia para contarle nuestras inquietudes y preocupaciones maternales.

¿Quién es la madre conforme al corazón de Dios? La que se consagra a predicar y orar. Sin importar cuál sea la edad de tus hijos, les enseñarás las Escrituras que los instruirán y guiarán en una vida para Dios. (Este es el aspecto de la predicación). Y, por supuesto, hablarás de Dios a tus hijos en cada oportunidad que se presenta. (Esto podríamos considerarlo *también* predicación). Pero ante todo intercederás por tus tesoros ante Dios. Esta es tu responsabilidad de oración. Y las madres lo hacemos con todo nuestro corazón… ¡toda la vida! Eso hace una madre conforme al corazón de Dios.

Del corazón de un padre

En el primer capítulo de este libro, Elizabeth propuso que si te parecía apropiado y tu esposo mostraba interés, podrías invitarlo a leer la sección "del corazón de un padre". He escrito estas secciones para incluir sugerencias que podrían ser útiles en la participación de tu esposo en la crianza de tus hijos. La oración es una forma muy especial de manifestar el amor de ustedes hacia los hijos. No es como alimentarlos, o vestirlos, o darles un techo para vivir. La oración es tan importante o más que suplir cualquiera de sus necesidades físicas. La oración es también una oportunidad única para un padre. Como cristiano, Dios ha designado a tu esposo como la cabeza espiritual de tu familia. Parte de esa responsabilidad es orar por ti y por los hijos.

Cuando pienso en un padre o madre de la Biblia que oró por sus hijos, de inmediato pienso en Job, en el Antiguo Testamento. Ya lo he mencionado, pero si a tu esposo le interesa conocer un ejemplo que puede seguir en su intercesión por los hijos, puedes proponerle que lea Job 1:1–5. Leyéndolo te darás cuenta de que las oraciones de Job como padre incluían tres elementos:

- ❧ Primero, Job oró de manera *específica*. Quizá oraba por muchos otros asuntos, pero en los primeros versículos del libro que lleva su nombre, Dios nos muestra que la familia de Job era una prioridad en su tiempo de oración. Él tenía siete hijos, y oraba específicamente por cada uno (Job 1:4–5).

🕮 Segundo, Job oraba *a diario*. Él no oraba por sus hijos de manera casual. Él oraba "todos los días" (v. 5).

🕮 Por último, Job oraba con *fervor*. Se levantaba temprano para orar por cada uno de sus hijos. A Job le preocupaba la condición espiritual de ellos. Sus pensamientos se centraban en el comportamiento que tenían. Job pensaba: "Quizá habrán pecado mis hijos, y habrán blasfemado contra Dios en sus corazones" (v. 5).

Entonces oraba. Job es un ejemplo para todos los padres en lo que respecta a la oración por nuestros hijos. Sin embargo, tú, como madre, nunca debes dejar de orar por ellos. No des por sentado que tu esposo ora por ellos. Ora para que así sea, pero cerciórate de orar siempre. Y si puedes, oren juntos, como esposos, por los hijos.

Como puedes ver, siempre hay muchos motivos de oración por tu esposo, el padre de tus hijos. Ora para que sea sensible a las necesidades de los niños. Ora para que tome su posición como la cabeza espiritual de la familia si no lo está haciendo. También ora para que tu esposo lea estos versículos que muestran las oraciones de Job a favor de sus hijos. Claro que si tu esposo no es cristiano, no sentirá un gran deseo de orar, así que ora para que conozca a Jesús. Elizabeth anima mucho a las mujeres con este versículo: "La oración eficaz del justo *[esposa y madre]* puede mucho" (Stg. 5:16).

$\mathscr{P}$equeñas decisiones que traen grandes bendiciones

1. Anota peticiones específicas para cada hijo.

Escribe una lista general y una personal para cada hijo. Luego comienza a registrar tus inquietudes. Solo mencionamos las "cinco principales" en este capítulo, pero obviamente hay muchos más asuntos en los que pensamos las madres. Anota tu propia lista... y ora, ora sin cesar. A medida que Dios, en su bondad y gracia, contesta tus oraciones y tus páginas reflejan el cumplimiento de su voluntad, archívalas. Lo que yo hice fue guardarlas en una carpeta. Luego, a medida que aumentaba el número de páginas, ¡pronto tuve que guardarlas en un archivador completo!

Con el transcurrir de tu vida de madre, aun en los años difíciles y desconcertantes, no olvides revisar y releer la respuesta a oraciones pasadas. Eso trae nuevas bendiciones sobre ti. Fortalece tu fe siempre que recuerdas una situación y cómo Dios obró en tu vida y en la de tus hijos. Dale gracias por su bondad y fidelidad.

2. Busca el apoyo de otros en oración.

¿Tienes familiares o amigos cercanos cristianos? ¿Quién mejor para acompañarte en oración en cada etapa del desarrollo espiritual y físico de tu hijo que un abuelo, una tía o un viejo amigo de confianza? Sin embargo, ten cuidado de no ser muy específica respecto a algunos aspectos de la vida de tu hijo. No traiciones la confianza de tu hijo ni estropees la opinión o el recuerdo que otra persona tiene de él.

3. Dedica todos los días un momento de oración por cada hijo.

Permíteme hacerte una pregunta: Si tú no oras por tus hijos, ¿quién sí lo hace? ¿quizás un padre o un abuelo piadoso? Es probable, sin embargo, que en algún momento tú seas la única persona que ora por tu hijo. Por favor, no permitas que pase un solo día sin hacerlo. Tu hijo necesita tu oración. ¿Tienes diez minutos? Esa es sin duda una "pequeña decisión".

No obstante, debes estar consciente de que mientras más hijos tengas, mayor será el tiempo de oración. Conocí a una fiel abuela que se comprometió a orar 10 minutos cuando nació su primer nieto. ¡Ahora tiene 24 nietos y ora 4 horas al día! ¿Orar por tu hijo es importante para ti? Si lo es, entonces encontrarás el tiempo... sin importar cuántos hijos tienes.

4. Ora a diario con cada hijo.

Este gran privilegio ocurre por lo general a la hora de dormir. Pregúntale a cada hijo en privado cómo estuvo su día. ¿Qué le ocurrió? ¿Algún problema con una persona? Oren juntos por lo que sucedió hoy y lo que ocurrirá mañana. No acuestes a tus niños sin antes orar. Estas oportunidades preciosas pronto se irán. Aprovecha esos momentos para enseñarles a tus hijos la importancia de la oración, mientras juntos aguardan la respuesta de Dios a sus oraciones.

5. Ora por las actividades de tu hijo.

Esto no será demasiado difícil para un niño de dos o nueve años, pero la vida y el horario de uno de 16 o 17 pueden ser muy agitados. Si conoces su horario (que descubriste mientras orabas y lo arropabas la noche anterior, y sí, ¡también a tus adolescentes!), sabrás cómo orar por las actividades del día. Al final del día pregunta cómo les fue. Y no olvides terminar la conversación con otra oración.

6. Busca pasajes bíblicos para orar.

Ya escribí algunas de mis oraciones por mis hijos que incluyen pasajes de las Escrituras, ¡y todavía las uso! Puedes usarlas si lo deseas. Escríbelas en tarjetas pequeñas que puedas llevar a todas partes. Mientras lees la Biblia o asistes a la iglesia o a un estudio bíblico, escucha con atención otros pasajes que puedas usar para orar. Jesús oró por los suyos en Juan 17. Tú puedes tomar de allí valiosos versículos del corazón del Maestro que ora y ama las almas. Pablo también oró por sus discípulos. Las epístolas contienen muchas oraciones profundas que puedes usar para tus "discípulos" grandes y pequeños. Colosenses 1:9–14 es un maravilloso pasaje para empezar. Cada vez que oras usando las Escrituras, puedes tener la certeza de que oras de acuerdo con la voluntad de Dios... y que Él te escucha (1 Jn. 5:14).

DECISIONES QUE TRASCIENDEN

Decisiones que trascienden

Reconócelo en todos tus caminos, y él enderezará tus veredas.

PROVERBIOS 3:6

¿Has sentido alguna vez cómo la agitación de esta vida como un mar embravecido al fin se apacigua (¡o por lo menos disminuye!), y puedes navegar a aguas más tranquilas? Así que me sentí justo después de que nos convirtiéramos en una familia cristiana. Jim tenía un buen empleo. Nuestras hijas gozaban de salud. Acabábamos de regresar de nuestro primer culto en la iglesia con nuestras Biblias nuevas en la mano. Por fin teníamos un objetivo para vivir y una dirección para nuestra familia. Como familia queríamos seguir a Jesús.

Ese fue un domingo glorioso. Luego llegó el lunes. Aquel día Jim y yo regresábamos a casa del trabajo, cuando me dijo que quería dejar su trabajo, volver a estudiar y prepararse para entrar en el ministerio.

Como podrás imaginar, ¡la agitación no tardó en regresar! Sin embargo, esta vez era diferente. Ahora tenía al Espíritu Santo para ayudarme (ya sabes, ¡con asuntos como la paciencia y el dominio propio!). Mi respuesta inmediata fue: "¿Qué pasará entonces con todo lo he hemos logrado hasta ahora, nuestra linda casa, los muebles que hemos pagado, tu ascenso en el trabajo, el seguro médico, el salario mensual?" Solo pensé en mí misma. Pese a todo, no tardé mucho en acoplarme al plan de Dios para nuestra familia… y en recibir su paz. Jim y yo tomamos la decisión de venderlo todo y seguir a Jesús. Tomamos la decisión de dejarlo todo atrás y atender el llamado de Dios para Jim de trabajar en el ministerio.

No te lo cuento con la intención de sugerirte hacer lo mismo. De ninguna manera. Dios guía a cada persona, esposo, esposa, madre y familia en forma particular y en direcciones diferentes. Lo digo para mostrar las repercusiones de una decisión, ¡una sola!, la de seguir la dirección de Dios para mi vida y toda mi familia. Dicha decisión dio inicio a los 30 años más extraordinarios de nuestra vida. Y esa fue solo una entre muchas decisiones (y espero que correctas) que tomamos durante las décadas siguientes con la intención de seguir a Cristo con todo nuestro corazón. Las decisiones nunca fueron tomadas sin que produjeran algún efecto. Claro que nos afectaron en lo personal, pero también afectaron a otros… como por ejemplo a nuestras hijas. Este dicho de la infancia recalca la repercusión de nuestras pequeñas decisiones: "Las pequeñas decisiones forman hábitos. Los hábitos moldean el carácter, que a su vez determina las grandes decisiones".

Resultados de una pequeña decisión equivocada

Abraham, en el Antiguo Testamento, enfrentó un problema, aunque no era malo en sí. Como sabes bien, Dios lo había bendecido. En su vagar por la tierra de Canaán después de atender al llamado de Dios para sus vidas, Abraham y su sobrino Lot habían amontonado ganado lanar y vacuno. Estos rebaños eran señal de riqueza para nómadas como Abraham y Lot. Sin embargo, la tierra no era suficiente para que ambos hombres y sus riquezas convivieran (Gn. 13:5–7). Saber qué hacer era la disyuntiva de Abraham.

Abraham se mostró benevolente y decidió permitirle a su sobrino elegir entre dos direcciones y dos clases diferentes de tierra para sus ganados, pastores y familias. Abraham le dijo a Lot: "Si fueres a la mano izquierda, yo iré a la derecha; y si tú a la derecha, yo iré a la izquierda" (v. 9). En una dirección la tierra "era de riego, como el huerto de Jehová" (v. 10). La Biblia no lo dice, pero la tierra del lado opuesto tenía que ser menos atractiva en medio del paisaje desértico.

Al ofrecerle a Lot la opción de elegir, Abraham arriesgó lo que podía convenirle más y le correspondía por su edad. Y sin dudarlo el sobrino aprovechó para tomar lo que parecía ser un buen negocio: Como el ganado necesita hierba y agua para sobrevivir, eligió una tierra bien regada y con abundante hierba.

Por desdicha, esta no fue a pesar de todo la mejor decisión desde la perspectiva espiritual. Lot se separó del piadoso Abraham y condujo sus rebaños y su familia a las verdes praderas cerca de Sodoma y Gomorra. (¿Te suenan los nombres de estas ciudades?) Al final, la elección de Lot, una pequeña decisión que consistía en ir a la derecha o a la izquierda, trajo consecuencias catastróficas. Dios juzgó a estas dos ciudades habitadas por gente malvada, aunque le perdonó la vida a Lot y a su familia. Sin embargo, por lo que sucedió a causa de este juicio, Lot perdió todo lo que tenía, sus rebaños, su esposa, e incluso sus hijos, por así decirlo, pues la vida de sus hijas estaba arruinada y habían perdido su pureza moral y sexual (Gn. 19:1–29). ¿Por qué toda esta desgracia? Por una decisión pequeña pero equivocada.

> *Cada vez que tomas una decisión haces historia.*

Cómo tomar decisiones correctas

En todo el libro hemos hablado acerca de convertirnos en madres conforme al corazón de Dios. Empezamos con un examen profundo de nuestro corazón para cerciorarnos de que nuestro deseo fuera en verdad seguir el plan de Dios para nosotras como madres. Ahora es tiempo de poner a trabajar ese amor y anhelo de bienestar para nuestros hijos, y de tomar otras decisiones, que sean en lo posible buenas, las mejores, las que en realidad trascienden.

A lo largo de la historia, las madres temerosas de Dios han tomado decisiones correctas, y algunas muy difíciles. Por ejemplo:

- La madre de Moisés arriesgó su propia vida por la decisión de no someterse al edicto del rey. En lugar de asesinar a su bebé como le habían ordenado, se aferró a él y guardó la vida de él (Éx. 1:22–2:10).

- La tatarabuela del rey David, Rahab la prostituta (Mt. 1:5), arriesgó su vida y tomó la decisión de esconder a los espías de Josué en vez de entregarlos al rey (Josué 2).

- La madre de Samuel, Ana, tomó la decisión de cumplir su voto a Dios de entregarle su único hijo para que lo sirviera (1 S. 1–2).

Al igual que estas madres en la Biblia, no todas las decisiones que tomes serán fáciles. Algunas, de hecho, pueden costarte la renuncia a tus anhelos personales. Y muchas irán en contra de la cultura de nuestra época. Otras exigirán aún más de tu tiempo, que ya es escaso. Sin embargo, en el largo plazo, y en la economía divina, serán las decisiones correctas, las inspiradas por Dios, que guardarán a tu familia ahora, en tiempos futuros y también para la eternidad.

Antes de concluir este precioso estudio juntas, te ruego que hagas de las decisiones un motivo de oración. Háblalas con Dios. Discútelas con tu esposo. Esta lista no es de manera alguna exhaustiva. Sin embargo, representa el tipo de decisiones que toda madre afronta. Si le confías a Dios tu corazón, tu vida, y tu familia, Él te guiará a tomar las decisiones correctas. Lo hará porque Él prometió: "Te haré entender, y te enseñaré el camino en que debes andar; sobre ti fijaré mis ojos" (Sal. 32:8). De hecho, el Señor guiará tus pasos, y "endereza [tus] pasos aun más allá de la muerte" (Pr. 16:9, Sal. 48:14).

Decide posponer tus sueños personales

Posterga tus sueños, tu carrera y planes educativos, el desarrollo de tus pasatiempos y habilidades. No tienes que matar tus sueños. Solo debes dejarlos en un segundo plano por un tiempo, mientras cumples a cabalidad con tu papel de madre. Si te queda un poco de tiempo libre, entonces puedes tomar una clase o asistir a un taller especial, sin apresurarte.

Unos capítulos atrás relaté cómo decidí renunciar al programa de maestría y centré mi atención en mi hogar y mi familia. Con esa elección yo tomé, de hecho, la determinación de ser la mejor madre y esposa posible… y esos dos compromisos llegaron a ocupar todo mi tiempo.

No obstante, a medida que adquiría experiencia en mi rutina de maternidad y me organizaba mejor en casa, me di cuenta de que podía pasar tiempos de estudio y lectura durante el día. Fue entonces que me inscribí en un curso por correspondencia en el Instituto Bíblico Moody[1]. Aún recuerdo que terminaba cada curso y esperaba ansiosa el siguiente. Entonces me inscribía para completar la serie poco a poco. También empecé a memorizar versículos bíblicos en los momentos libres del día, mientras las niñas dormían su siesta o jugaban en el parque y yo las cuidaba.

La vida no es el resultado de sueños soñados, sino de decisiones tomadas.

Con el tiempo y al cabo de unos años, mi sueño se cumplió. Completé todos los cursos bíblicos existentes. No obtuve un diploma. No era mi objetivo. En cambio, logré mi sueño de aumentar mi conocimiento y comprensión de la Biblia, todo gracias a breves y esporádicos ratos libres.

¿Cuáles son tus sueños? Reconócelos, escríbelos, ora por ellos... pero aprende a manejarlos. Como nos enseña Eclesiastés con su sabiduría: "Todo tiene su tiempo, y todo lo que se quiere debajo del cielo tiene su hora" (Ec. 3:1). Los detalles aparecen en varios apartes de los versículos 2 al 8: "Tiempo de... plantar... tiempo de edificar... tiempo de buscar... tiempo de amar". En otras palabras, es importante identificar el momento propicio para cada cosa. Debemos enfocarnos en hacer lo debido en el momento apropiado en nuestra vida. "Los anhelos terrenales son buenos en su justo momento y lugar, pero inútiles si se buscan como la meta final".[2] ¡Todo tiene su tiempo!

Elige poner a las personas en primer lugar

La familia es primero. Eso nos enseña Tito 2:3-5. Ese pasaje dice que las mujeres ancianas deben enseñarles a las jóvenes a "amar a sus esposos" y a "sus hijos" como las dos prioridades de la vida. Este es el orden divino. Elige pues darle a las personas más importantes de tu vida los primeros frutos de tu tiempo, amor y energía.

En lo que respecta a poner en orden las prioridades, no puedo evitar pensar en la madre de Moisés (Jocabed) y en la de Samuel (Ana). Ellas conocían bien y ponían en orden sus prioridades. Cada madre "conforme al corazón de Dios" solo contaba con unos pocos años, en promedio tres, para impartir el amor y la instrucción divina de toda una vida en sus pequeños hijos. Luego Jocabed le entregó su pequeño Moisés a la hija del faraón para ser educado en su palacio. Y Ana entregó su pequeño Samuel para que fuera educado bajo la tutoría del sacerdote Elí. ¿Qué habría sucedido si ellas no lo hubieran dado todo para criar a sus pequeños durante el tiempo que los tuvieron? ¿O si no se hubieran levantado cada mañana y entregado todo lo que tenían a esos pequeños corazones dispuestos? ¿O si hubieran estado ausentes? ¿Qué habría pasado... si se hubieran dedicado a otros propósitos? ¿O si hubieran desestimado sus días de maternidad? ¿Qué si...?

Pero allí estuvieron... ¡y lo hicieron! Y tú y yo, al igual que toda la humanidad, se beneficiaron de ello. Estos dos niños crecieron y se convirtieron en hombres que sirvieron a Dios con gran poder, y ayudaron a cambiar el mundo.

Elige recibir ayuda de un mentor

Este es otro consejo que nos ofrece Tito 2. Los versículos 3 y 4 dicen: "Las ancianas enseñen a las mujeres jóvenes a amar... a sus hijos". El plan de Dios para nosotras como madres cristianas es que aprendamos de aquellas que nos han precedido, que han asumido con seriedad su maternidad, que pueden enseñarnos con su experiencia y animarnos en nuestro papel de madres.

Un día, mientras hojeaba el libro de Jim acerca del ministerio de Pablo como mentor, aprendí el trasfondo del término "mentor". Existe la leyenda de un hombre llamado Mentor que era el tutor de Telémaco, cuyo padre Odiseo salió de casa por casi una década para pelear en la guerra de Troya. Mentor prácticamente crió a Telémaco, le enseñó y lo entrenó para la vida. Pues un mentor es alguien que instruye, enseña y entrena.

Tal vez he dicho en la mayoría de mis libros que Dios me concedió el privilegio de contar con muchos mentores durante mis primeros años de vida cristiana. Esas mujeres maravillosas me guiaron según la Biblia, me ayudaron a crecer en Cristo, y fueron ejemplo de lo que es una mujer, esposa y madre piadosa. Después de haber recibido la bendición de tener mentores, también te lo aconsejo.

¿Cómo? En primer lugar, ora. Luego busca una "anciana", una mentora que te guíe en tus diferentes papeles, entre los cuales está el de ser madre. ¿Quién se muestra amigable? ¿Quién se interesa en ti que eres joven madre? ¿Quién quiere compartir sus experiencias como madre de algún modo? Ora de nuevo, y luego acércate a ella para consultarle tu mayor inquietud o problema del momento. Puedes hacerlo en un momento por teléfono, o hablar con ella un rato a la salida de la iglesia, o tal vez les queda mejor reunirse, aun si es con tus hijos y los de ella en un parque, o en un restaurante de comida rápida con parque. Háblale con confianza y pídele ayuda. Busca su consejo. Luego pregúntale más… y más… y más… ¡y listo! ¡Ya tienes un mentor!

Otra manera de recibir esa ayuda es unirse a un grupo de madres. Existen varias organizaciones cristianas que cuentan con personas experimentadas y otras madres que asisten a las más jóvenes. Una de mis hijas participa activamente en uno de estos grupos y siempre me cuenta lo que aprende allí. Es un recurso importante para ella y para las otras madres.

Lee Proverbios

Estoy segura de que has notado a lo largo de este libro las numerosas citas del libro de Proverbios. Proverbios es uno de los libros sapienciales de la Biblia, y nos ofrece sabiduría para saber cómo manejar las relaciones, entre ellas con nuestros hijos. Recién convertida sentí el apremio de leer un capítulo diario de Proverbios. A lo largo de los años esta práctica ha llenado mi corazón, alma y mente del consejo divino acerca de cómo tratar con las personas, lo cual incluye a mis hijos.

Por ejemplo, ¿buscas sabiduría para aprovechar cada oportunidad de disciplinar e instruir a tus hijos a diario? Proverbios tiene la respuesta para todos tus dilemas. Por ejemplo, encontré estos tres principios cuando necesitaba saber cómo tratar ciertas cuestiones de peleas entre hermanos.

Echar suertes, que ayuda a solucionar pleitos (Pr. 18:18).

Corregir, que contribuye a reducir la tensión (Pr. 29:17).

Sacar al instigador, que ayuda a recuperar la paz (Pr. 22:10).

Lee por ti misma Proverbios. Recibe su instrucción, adquiere la sabiduría divina, y ponla en práctica en tu hogar. Luego comunícalo a la siguiente generación. Ayúdales a tus hijos a amar y apreciar el libro de Proverbios tanto como tú. ¡Les dará sabiduría para vivir!

> *Tu nivel de madurez equivale a tu capacidad de tomar decisiones sabias.*

Estudia la vida de algunas madres de la Biblia

¡Esta es una de mis pasiones! Tengo cantidades de libros en mi biblioteca acerca de las mujeres de la Biblia. ¡Leer sobre sus vidas como madres me ha animado desde que mis hijas estaban en pañales! Estas madres aún me enseñan principios y lecciones de gran valor para una madre, algunas en sentido positivo, y otras, por desdicha, en sentido negativo.

Leer sus historias nos permite conocer de primera mano las madres ilustres de la fe: Eva, Sara, Rebeca, Jocabed, la madre de Sansón, Noemí, Ana, la madre de Proverbios 31, Elizabet, y María. ¡Qué provechoso es ver cómo manejaron los problemas de la vida diaria y los retos propios de la maternidad! ¡Qué dicha ver cómo amaban a sus hijos, cómo les enseñaron, hablaron y contaron acerca de Dios, cómo los cuidaron, instruyeron y oraron por ellos dando lo mejor de sí! ¡Qué enseñanza tan directa de la Palabra de Dios para tu corazón!

♡
—— *Respuesta del corazón* ——

Mientras oraba para saber cómo concluir no solo este capítulo sino el libro entero, quise dejar esta "decisión" para el final: *Decide cuál será tu actitud*. ¿Por qué? Porque es algo que puedes hacer ya mismo. Es una pequeña decisión que puedes tomar en tu corazón en este preciso instante. Y te aseguro que esta pequeña decisión trae grandes bendiciones… ¡cada día y para siempre!

El tiempo durante el cual fui una madre no creyente fue difícil y desesperanzador. Con mis dos bebés que apenas se llevan 13 meses me sentía como la señora del cuento que tenía muchos hijos, y yo con apenas 25 años ¡no sabía qué hacer! Después, como madre cristiana, empecé a comprender mi papel y a aceptar mi responsabilidad. También aprendí que la Biblia considera a los hijos "herencia de Jehová" y "cosa de estima" (Sal. 127:3), y dice que tener hijos es recibir la bendición de Dios.

De modo que abracé mi papel de "madre", que Dios tanto estima. Y cambié mi actitud. Como advirtió un erudito, el lenguaje bíblico nos llama como cristianos a "cambiar nuestras actitudes y acciones" hacia nuestros hijos y nuestra maternidad[3]. Según la Palabra de Dios, yo, como madre piadosa, debía demostrar y vivir ciertas actitudes del corazón.

¿Qué clase de madre quiere Dios que tú y yo seamos? Respuesta: Una que vive su maternidad con esta actitud:

De corazón: Todo lo que haces, incluso tu maternidad, hazlo de corazón, como para el Señor (Col. 3:23).

Fielmente: Sé fiel en todo, especialmente en tu papel de madre (1 Ti. 3:11).

De buena gana: Cumple tus labores como madre con gusto, tanto con tus manos como con todo tu corazón (Pr. 31:15).

Con excelencia: Muchas madres lo hacen bien, pero procura sobrepasarlas a todas (Pr. 31:29).

Con gozo: Regocíjate siempre, sin importar lo que ser madre exija de tu parte (1 Ts. 5:16).

Con oración: Ora sin cesar mientras te esfuerzas por ser una madre conforme al corazón de Dios (1 Ts. 5:17).

Con gratitud: En todo, en especial siendo madre, da gracias, porque esta es la voluntad de Dios para ti en Cristo Jesús (1 Ts. 5:18).

Que tú seas, amiga mía, esta madre, una madre conforme al corazón de Dios... la madre que anhelas ser.

Del corazón de un padre

Se ha dicho que la madre de Billy Graham era una mujer sencilla esposa de un granjero, que nunca dirigió un comité ni un estudio bíblico en la iglesia, y que nunca hizo una contribución pública notable. Sin embargo, su aporte a través de su vida hogareña tiene repercusiones eternas. La madre de Billy oró con fervor durante 17 años hasta obtener la salvación de él. Luego pasó los siguientes 50 años de su vida orando por Billy y su ministerio. La señora Graham decidió centrar su atención en su hogar y su familia. Es obvio que esta sola decisión trajo fruto eterno.

Mi madre también centró su atención en ser la mejor esposa y madre que pudo. Durante algunos años de descarrío en mi vida tal vez se desanimó un poco por mi conducta y mis decisiones, pero ella nunca se dio por vencida conmigo. Y, por la gracia de Dios y las oraciones perseverantes de mi madre, al fin volví al camino correcto. Después ella oró por mí y me animó hasta el día de su muerte, e incluso se mudó siendo viuda para vivir cerca de nosotros para poder ayudarnos en casa y en nuestro ministerio. Ella fue una excelente madre y abuela, y su muerte dejó un gran vacío en nuestras vidas.

Las decisiones son algo curioso. Nadie puede tomarlas por ti. Aquello en lo cual decides invertir tu tiempo y tu vida es, en última instancia, un asunto entre tú y Dios. Me uno a Elizabeth para animarte a buscar la sabiduría de Dios y el consejo de tu esposo, así como el de hombres y mujeres piadosos, a la hora de tomar decisiones acerca de cómo vivir tu papel de madre.

Como padre que ahora evalúa la condición presente de nuestra familia y el papel que desempeñó Elizabeth en la vida de nuestras hijas, me pregunto qué habría pasado si ella no hubiera tomado la decisión de dedicarse a ellas. Qué habría ocurrido si...

...ella no hubiera estado durante los años preescolares cuando la mayoría de las bases del aprendizaje se establecen. O si ella no hubiera estado allí para leerles historias bíblicas, corregir malos hábitos y asegurarse que las tiernas mentes de nuestras hijas se llenaran de verdades divinas en vez de asuntos de este mundo.

...o si ella no hubiera estado presente, cuando yo, al igual que tantos padres con empleos de 50 horas semanales, debía pasar largas horas y noches e incluso fines de semana lejos de casa, o cuando debía ausentarme varias semanas para viajes misioneros y conferencias para líderes.

...o si ella no hubiera estado durante los años de adolescencia cuando las hormonas y las emociones se enloquecen. Si ella no hubiera estado allí para enviar a las niñas a la escuela, y para recibirlas en la puerta con un emparedado y un refresco y un oído dispuesto a escucharlas.

...si ella no hubiera estado disponible para ellas durante los años de juventud cuando se toman las decisiones como una carrera profesional y la búsqueda de una pareja.

...si ella no hubiera estado allí para nuestras hijas a cualquier hora del día o de la noche cuando simplemente necesitaban hablar.

...si ella no hubiera estado cuando las niñas empezaron sus propios hogares y llegaron los bebés. Si ella no hubiera estado lista, dispuesta y preparada para tomar un avión cada vez que nacía un nuevo nieto y cuidar de la criatura y de la joven madre hasta que pudieran retomar sus actividades normales. ¿Qué habría pasado si no hubiera estado presente para escuchar el sufrimiento de una hija descorazonada después de perder un bebé?

Pero Elizabeth estuvo allí, y ha estado presente por más de 30 años. Todos los preciosos momentos aquí representados fueron posibles en parte gracias a las decisiones de una madre que consagró su vida y su energía a criar dos pequeñas niñas que crecieron y ya tienen sus propios siete hijitos.

¿Qué decisiones has tomado? ¿Hay momentos que te pierdes por alguna decisión que has tomado? No es demasiado tarde para cambiar. No estoy aquí para sofocarte con culpa. Sé que amas a tus hijos. Sé que quieres ser una buena madre porque llegaste hasta la última página de un libro que habla acerca de ser la madre que Dios quiere. También sé que tú y tu esposo tienen sueños que han trazado juntos.

Un día tú y tu esposo mirarán en retrospectiva los resultados de las decisiones que tomaron. ¡Qué bendición será ver que buscaste la sabiduría de Dios para tomarlas, y que fuiste en verdad una madre conforme al corazón de Dios! Te felicito por tu anhelo de criar hijos conforme al corazón de Dios y de atender tu llamado de madre. ¡Es una noble misión y un gran privilegio!

CALENDARIO DE TIEMPO A SOLAS CON DIOS

CALENDARIO DE TIEMPO A SOLAS CON DIOS

Ene.	Feb.	Mar.	Abr.	May.	Jun.
1	1	1	1	1	1
2	2	2	2	2	2
3	3	3	3	3	3
4	4	4	4	4	4
5	5	5	5	5	5
6	6	6	6	6	6
7	7	7	7	7	7
8	8	8	8	8	8
9	9	9	9	9	9
10	10	10	10	10	10
11	11	11	11	11	11
12	12	12	12	12	12
13	13	13	13	13	13
14	14	14	14	14	14
15	15	15	15	15	15
16	16	16	16	16	16
17	17	17	17	17	17
18	18	18	18	18	18
19	19	19	19	19	19
20	20	20	20	20	20
21	21	21	21	21	21
22	22	22	22	22	22
23	23	23	23	23	23
24	24	24	24	24	24
25	25	25	25	25	25
26	26	26	26	26	26
27	27	27	27	27	27
28	28	28	28	28	28
29	29	29	29	29	29
30		30	30	30	30
31		31		31	

Jul.	Ago.	Sept.	Oct.	Nov.	Dic.
1	1	1	1	1	1
2	2	2	2	2	2
3	3	3	3	3	3
4	4	4	4	4	4
5	5	5	5	5	5
6	6	6	6	6	6
7	7	7	7	7	7
8	8	8	8	8	8
9	9	9	9	9	9
10	10	10	10	10	10
11	11	11	11	11	11
12	12	12	12	12	12
13	13	13	13	13	13
14	14	14	14	14	14
15	15	15	15	15	15
16	16	16	16	16	16
17	17	17	17	17	17
18	18	18	18	18	18
19	19	19	19	19	19
20	20	20	20	20	20
21	21	21	21	21	21
22	22	22	22	22	22
23	23	23	23	23	23
24	24	24	24	24	24
25	25	25	25	25	25
26	26	26	26	26	26
27	27	27	27	27	27
28	28	28	28	28	28
29	29	29	29	29	29
30	30	30	30	30	30
31	31		31		31

Notas

Lo más importante es el corazón

1. W. E. Vine, *Diccionario expositivo de palabras del Antiguo y Nuevo Testamento* (Editorial Caribe, 1999), p. 537 (del inglés).
2. William MacDonald, *Enjoying the Proverbios* [Deléitese en Proverbios] (Kansas City, KS: Walterick Publishers, 1982), p. 31.
3. Vine, *Diccionario expositivo*, p. 537 (del inglés).
4. Michael Kendrick y Daryl Lucas, *365 Life Lessons from Bible People* [365 lecciones prácticas de personajes bíblicos] (Wheaton, IL: Tyndale House Publishers, Inc., 1996), p. 92.
5. Ivor Powell, *David: His Life and Times—A Biographical Commentary* [David: Su vida y su época, un comentario biográfico] (Grand Rapids, MI: Kregel Publications, 1990), p. 24.
6. *Ibíd.*, p. 27.
7. Charles F. Pfeiffer y Everett F. Harrison, *Comentario bíblico Moody* (Grand Rapids, MI: Editorial Portavoz, 1993), p. 773 (del inglés).
8. John MacArthur, *The MacArthur Study Bible* [La Biblia de estudio MacArthur] (Nashville: Word Bibles, 1997), p. 1227. Esta Biblia de estudio está publicada en castellano por Editorial Portavoz.
9. *Ibíd.*, p. 1662.
10. Kendrick y Lucas, *365 Life Lessons* [365 lecciones prácticas], p. 355.

1—Dedica tiempo a alimentar tu corazón

1. Vea Elizabeth George, *A Woman's High Calling* [El supremo llamado de una mujer] (Eugene, OR: Harvest House Publishers, 2001), pp. 168–81.
2. Elizabeth George, *Una madre conforme al corazón de Dios* (Grand Rapids, MI: Editorial Portavoz, 2006).
3. Charles F. Pfeiffer y Everett F. Harrison, *Comentario bíblico Moody* (Grand Rapids, MI: Editorial Portavoz, 1993), p. 164 (del inglés).
4. Matthew Henry, *Matthew Henry's Commentary on the Whole Bible* [Comentario de la Biblia Matthew Henry en un solo tomo] (Peabody, MA: Hendrickson Publishers, 2003), p. 244.

5. *Life Application Study Bible* [Biblia de estudio para el diario vivir] (Wheaton, IL: Tyndale House Publishers, Inc., 1996), p. 269.

6. *The One Year Bible* [La Biblia en un año] (Wheaton, IL: Tyndale House Publishers, Inc., 1986).

2—Enséñales a tus hijos la Palabra de Dios

1. "El alma de un niño", en Eleanor Doan, *Speaker's Sourcebook* [Libro de consulta del orador] (Grand Rapids, MI: Zondervan Publishing House, 1988), p. 51.

2. Tedd Tripp, *Shepherding a Child's Heart* [Cómo pastorear el corazón de un niño] (Wapallopen, PA: Shepherd Press, 1995), pp. 29–32.

3. G. M. Mackie, *Bible Manners y Customs* [Usos y costumbres bíblicos] (Old Tappan, NJ: Fleming H. Revell Company, s.f.), p. 158.

4. Información extraída de Matthew Henry, *Matthew Henry's Commentary on the Whole Bible* [Comentario de la Biblia Matthew Henry en un solo tomo] (Peabody, MA: Hendrickson Publishers, 2003), p. 244.

5. Mackie, *Biblia Manners and Customs* [Usos y costumbres bíblicos], p. 154.

6. E. Margaret Clarkson.

7. Mackie, *Biblia Manners and Customs* [Usos y costumbres bíblicos], p. 159.

8. Curtis Vaughan, *The Word—The Bible from 26 Translations* [La Palabra: 26 traducciones de la Biblia] (Gulfport, MS: Mathis Publishers, Inc., 1991), p. 339.

9. "El corazón de un niño", en Doan, *Speaker's Sourcebook* [Libro de consulta del orador], p. 52.

3—Háblales de Dios a tus hijos

1. Vea, por ejemplo, Proverbios 12:23–24.

2. Richard W. DeHaan y Henry G. Bosch, *Our Daily Bread Favorites* [Selecciones de *Nuestro pan diario*] (Grand Rapids, MI: Zondervan Publishing House, 1971), 3 de febrero.

3. Resultados de la encuesta George Barna, *Transforming Children into Spiritual Champions* [Cómo volver a los niños campeones espirituales] (Ventura, CA: Regal Books Gospel Light, 2003), p. 35.

4. Hans Finzel, *Help! I'm a Baby Boomer* [¡Auxilio! Nací en los cincuenta] (Wheaton, IL: Victor Books, 1989), p. 105.

5. Sid Buzzell, *The Leadership Bible* [La Biblia del liderazgo] (Grand Rapids, MI: Zondervan Publishing House, 1998), p. 207.

4—Háblales de Jesús a tus hijos

1. Resultados de la encuesta George Barna, *Transforming Children into Spiritual Champions* [Cómo volver a los niños campeones espirituales] (Ventura, CA: Regal Books Gospel Light, 2003), p. 41.

2. Elgin S. Moyer, *Who Was Who in Church History* [Personajes de la historia de la Iglesia] (New Canaan, CT: Keats Publishing, Inc.), 1974, p. 22.

3. Jerry Noble, citado en Albert M. Wells, hijo, *Inspiring Quotations—Contemporary & Classical* [Anécdotas clásicas y contemporáneas] (Nashville: Thomas Nelson Publishers, 1988), p. 82.

4. Moyer, *Who Was Who* [Personajes], p. 293.

5. Paul Lee Tan, *Encyclopedia of 7700 Illustrations* [Enciclopedia de 7700 anécdotas] (Winona Lake, IN: BMH Books, 1979), p. 851.

5—Instruye a tus hijos en el camino de Dios

1. Elizabeth George, *God's Wisdom for Little Girls: Virtues and Fun from Proverbios 31* [Sabiduría de Dios para niñas: Virtudes y esparcimiento de Proverbios 31], con ilustraciones de Judy Luenebrink (Eugene, OR: Harvest House Publishers, 2000).

2. William MacDonald, *Enjoying the Proverbios* [Deléitese en Proverbios], cita a Jay Adams, *Competent to Counsel* [Capacitado para orientar] (Grand Rapids, MI: Baker Book House, 1970), Walterick Publishers, P.O. Box 2216, Kansas City, KS 66110, 1982), p. 120. Este libro está publicado en castellano por Editorial Portavoz.

3. Vea Proverbios 13:24; 23:13–14; 29:15, 17.

4. Eleanor Doan, *Speaker's Sourcebook* [Libro de consulta del orador] (Grand Rapids, MI: Zondervan Publishing House, 1988), p. 48.

5. Benjamin R. DeJong, *Uncle Ben's Quotebook* [Libro de citas del tío Ben] (Grand Rapids, MI: Baker Book House, 1977), p. 142, no se cita el nombre del autor.

6. Programa *Heart to Heart* [De corazón a corazón] citado en Doan, Speaker's Sourcebook [Libro de consulta del orador], p. 49.

7. Horace Bushnell en Doan, *Speaker's Sourcebook* [Libro de consulta del orador], p. 49.

8. Citado en Curtis Vaughan, *The Word—The Bible from 26 Translations* [La Palabra: 26 traducciones de la Biblia] (Gulfport, MS: Mathis Publishers, Inc., 1991), p. 1221.

9. Robert Jamieson, A. R. Fausset, y David Brown, *Commentary on the Whole Bible* [Comentario bíblico] (Grand Rapids, MI: Zondervan Publishing House, 1971), p. 470.

10. Ralph Wardlaw, *Lectures on the Book of Proverbs* [Mensajes del libro de Proverbios], tomo III (Minneapolis: Klock & Klock Christian Publishers, Inc., 1982 reimpresión), p. 38.

11. Jim George, *A Young Man after God's Own Heart* [Un joven conforme al corazón de Dios] (Eugene OR: Harvest House Publishers, 2005), p. 86.

12. Bruce Barton, *Life Application Bible Commentary—Ephesians* [Comentario bíblico del diario vivir, Efesios] (Wheaton, IL: Tyndale House Publishers, Inc., 1996), p. 122.

13. J. David Branon, como fue citado en Roy B. Zuck, *The Speaker's Quote Book* [Libro de citas del orador] (Grand Rapids, MI: Kregel Publications, 1977), p. 51.

14. "Home Life" en Doan, *Speaker's Sourcebook* [Libro de consulta del orador], p. 50.

6—Cuida a tus hijos

1. Pat Ennis y Lisa Tatlock, *Designing a Lifestyle that Pleases God* [Cómo planear un estilo de vida agradable a Dios] (Chicago: Moody Publishers, 2004), pp. 113–15.

2. Tiger's Milk® [Leche de tigre] es una barra nutritiva que contiene 18 vitaminas y minerales y 11 gramos de proteína.

3. Curtis Vaughan, *The Word—The Bible from 26 Translations* [La Palabra: 26 traducciones de la Biblia] (Gulfport, MS: Mathis Publishers, Inc., 1991), p. 1246.

4. Alice Gray, Steve Stephens, John Van Diest, *Lists to Live By for Every Caring Family* [Listas de referencia para familias organizadas] (Sisters, OR: Multnomah Publishers, 2001), pp. 96, 110.

5. *Ibíd.*, p. 19.

6. Elizabeth George, *Beautiful in God's Eyes—The Treasures of the Proverbs 31 Woman* [Hermosa a los ojos de Dios, los tesoros de la mujer de Proverbios 31] (Eugene, OR: Harvest House Publishers, 1998).

7. Vea Proverbios 1:10–19; 5:1–11; 7:1–27.

7—Lleva a tus hijos a la iglesia

1. "A Child's Ten Commandments to Parents", por Dr. Kevin Leman, de *Obtenga lo mejor de sus hijos* (Nashville: TN: Betania, 1996). Citado en Alice Gray, Steve Stephens, John Van Diest, *Lists to Live By for Every Caring Family* [Listas de referencia para familias organizadas] (Sisters, OR: Multnomah Publishers, 2001), p. 130.

2. Robert Jamieson, A. R. Fausset, y David Brown, *Commentary on the Whole Bible* [Comentario bíblico] (Grand Rapids, MI: Zondervan Publishing House, 1971), p. 1429.

3. Extraído de Richard Mayhue, *Seeking God* [Busca a Dios] (Fearn, Inglaterra: Christian Focus Publications, 2000), p. 148.

4. Bruce B. Barton, *Life Application Bible Commentary—Mark* [Comentario bíblico del diario vivir, Marcos] (Wheaton, IL: Tyndale House Publishers, Inc., 1994), p. 285.

5. Resultados de encuesta George Barna, *Transforming Children into Spiritual Champions* [Cómo volver a los niños campeones espirituales] (Ventura, CA: Regal Books Gospel Light, 2003), p. 41.

6. Joe White, Jim Weidmann, *Spiritual Mentoring of Teens* [Consejería espiritual para adolescentes] (Wheaton, IL: Tyndale House Publishers, 2001), p. 49.

7. Paul Lee Tan, *Encyclopedia of 7700 Illustrations* [Enciclopedia de 7700 anécdotas] (Winona Lake, IN: BMH Books, 1979), p. 844.

8. Mary Louise Kitsen, "Generaciones de excusas", reimpreso con permiso.

8—Enséñales a tus hijos a orar

1. Herbert Lockyer, *All the Prayers of the Bible* [Todas las oraciones de la Biblia] (Grand Rapids, MI: Zondervan Publishing House, 1973), p. 64.

2. Matthew Henry, *Matthew Henry's Commentary on the Whole Bible* [Comentario de la Biblia Matthew Henry en un solo tomo] (Peabody, MA: Hendrickson Publishers, 2003), p. 383.

3. D. L. Moody, *Thoughts from My Library* [Meditaciones de mi biblioteca] (Grand Rapids, MI: Baker Book House, 1979), p. 122.

4. "This I Carry with Me Always", *Christian Parenting Today,* mayo y junio de 1993, p. 23.

5. Stanley High, *Billy Graham* (Nueva York: McGraw Hill, 1956), p. 106.

6. Resultados encuesta George Barna, *Transforming Children into Spiritual Champions* [Cómo volver a los niños campeones espirituales] (Ventura, CA: Regal Books, publicado por Gospel Light, 2003), p. 35.

7. Para hijas adolescentes, vea Elizabeth George, *A Young Woman After God's Own Heart* [Una joven conforme al corazón de Dios] y *A Young Woman's Call to Prayer* [El llamado a orar para jovencitas] (Eugene, OR: Harvest House Publishers, 2003 y 2005). Para hijos adolescentes, vea Jim George, *A Young Man After God's Own Heart* [Un joven conforme al corazón de Dios] (Eugene, OR: Harvest House Publishers, 2005).

8. *The Prayers of Susanna Wesley* [Las oraciones de Susana Wesley], ed. y ad. por W. L. Doughty (Grand Rapids, MI: Zondervan Publishing House, Clarion Classics, 1984), p. 46.

9. Arthur Bennett, ed., *The Valley of Vision* [El valle de la visión] (Carlisle, PA: The Banner of Truth Trust, 1999).

10. Joe White y Jim Weidmann, *Spiritual Mentoring of Teens* [Consejería espiritual para adolescentes] (Wheaton, IL: Tyndale House Publishers, 2001), pp. 76, 35.

9—Da lo mejor de ti

1. Elisabeth Elliot, *The Shaping of a Christian Family* [Cómo formar una familia cristiana] (Nashville, TN: Thomas Nelson Publishers, 1991), p. 95.

2. Judith Warner, "Mommy Madness", *Newsweek, Inc.,* 2005, citado de *Perfect Madness* [Perfecta locura] (Nueva York: Riverhead Books, 2005).

3. Elizabeth George, *Ama a Dios con toda tu mente* (Grand Rapids: Editorial Portavoz, 2006).

4. Vea especialmente Elizabeth George, *Una mujer conforme al corazón de Dios* ® y *Una esposa conforme al corazón de Dios* (Grand Rapids: Editorial Portavoz, 2004).

5. Judith Warner, "Mommy Madness", *Newsweek, Inc.,* 2005, 21 de febrero de 2005, www .msnbc.msn.com/id/6959880/site/newsweek, citado de su libro *Perfect Madness* [Perfecta locura] (Inglaterra: Riverhead Books, una división de Penguin Group (USA) Inc., 2005).

10—Intercede por tus hijos

1. John MacArthur, *The MacArthur Study Bible* [La Biblia de estudio MacArthur] (Nashville, TN: Word Publishing, 1997), p. 877. Esta Biblia de estudio está publicada en castellano por Editorial Portavoz.

Decisiones que trascienden

1. Enseñanza a distancia del Instituto Bíblico Moody, 820 North LaSalle Blvd., Chicago, IL 60610, 1–800–758–6352 o visite.

2. John MacArthur, *The MacArthur Study Bible* [La Biblia de estudio MacArthur] (Nashville, TN: Word Publishing, 1997), p. 929. Esta Biblia de estudio está publicada en castellano por Editorial Portavoz.

3. Gene A. Getz, *The Measure of a Woman* [La medida de una mujer] (Glendale, CA: Regal-Gospel Light Publications, 1977), p. 73.

PORTAVOZ
Otros libros por Elizabeth George

En una nueva edición actualizada, la autora explora seis pasajes de las Escrituras que ayudarán a las mujeres a comprender el propósito de Dios para la vida.
978-0-8254-1261-5

Una invitación a toda mujer a experimentar en su vida el fruto del Espíritu de Dios.
978-0-8254-1263-9

Encuentra la senda de Dios en medio de tus problemas

A través de la Palabra de Dios, sus propias vivencias y las de otras mujeres, Elizabeth George ofrece ayuda y esperanza. La Biblia dice "tened por sumo gozo cuando os halléis en diversas pruebas". Con eso en mente, la autora comparte verdades fundamentales para que puedas tener un enfoque positivo. Reconoce que todas atravesamos momentos difíciles y presenta pasos prácticos para experimentar esperanza, gozo y significado en nuestra vida.

978-0-8254-1266-0

Sara: Camina en las promesas de Dios

Este libro enseñará a las mujeres cómo encontrar paz y tener paciencia en los momentos difíciles de la vida. A través de un estudio bíblico sobre la vida de Sara, Elizabeth George muestra a las mujeres de hoy que no importa cuán inciertas se hayan tornado sus vidas, ellas pueden confiar en las promesas de Dios. Con solo 15 minutos de estudio bíblico al día, las mujeres obtendrán la valentía y la confianza para enfrentar los problemas de la vida diaria.

978-0-8254-1258-5

Prólogo

$\mathcal{D}$esde hace tiempo he buscado estudios bíblicos de uso diario que me permitan conocer mejor la Palabra de Dios. En esto me hallé entre dos extremos: Estudios bíblicos que requerían poco tiempo pero superficiales, o estudios profundos que exigían más tiempo del que disponía. Descubrí que no era la única y que como muchas mujeres, vivía muy ocupada pero deseosa de pasar tiempo provechoso en el estudio de la Palabra de Dios.

Por eso me emocionó tanto saber que Elizabeth George quisiera escribir una serie de estudios bíblicos para mujeres con lecciones profundas que solo requerían quince o veinte minutos diarios. Después que ella completara su primer estudio sobre Filipenses estaba ansiosa por probarlo. Ya había estudiado Filipenses pero por primera vez entendí bien la organización del libro y su verdadera aplicación para mi vida. Cada lección era sencilla pero profunda, ¡y escrita especialmente para mí como mujer!

En la serie de estudios bíblicos de *Una mujer conforme al corazón de Dios*® Elizabeth nos guía a recorrer las Escrituras y comunica la sabiduría que ha adquirido en más de veinte años como maestra bíblica para mujeres. Las lecciones abundan en contenidos muy valiosos porque se fundamentan en la Palabra de Dios y son el fruto de la experiencia de Elizabeth. Su estilo de comunicación personal y afable hacen sentir como si estuviera a tu lado estudiando contigo, como si en persona te orientara en la mayor aspiración que pudieras tener en la vida: Ser una mujer conforme al corazón de Dios.

Si buscas estudios bíblicos que pueden ayudarte a cimentar tu conocimiento de la Palabra de Dios en medio de tantas ocupaciones, estoy segura de que esta serie será una grata compañía en tu andar diario con Dios.

—LaRae Weikert
Directora Editorial,
Harvest House Publishers

Preámbulo

En mi libro *Una mujer conforme al corazón de Dios*® hablo de esta clase de mujer como alguien que tiene el cuidado de poner a Dios en el trono de su corazón y como su máxima prioridad en la vida. También mencioné que una forma de lograrlo sin falta es alimentar un corazón anclado en la Palabra de Dios. Esto supone que desarrollemos unas raíces profundas en las Escrituras.

Antes de emprender nuestro estudio bíblico, dedica un momento a pensar en los siguientes aspectos concernientes a las raíces y el estudio diario y constante de la Palabra de Dios:

- Las raíces no están a la vista. Será necesario que apartes tiempo a solas, "en lo secreto", si deseas sumergirte en la Palabra de Dios y crecer en Él.

- La función de las raíces es absorber nutrientes. A solas y con tu Biblia en mano podrás alimentarte de las verdades de la Palabra de Dios y asegurar tu crecimiento espiritual.

- Las raíces sirven para almacenar. A medida que adquieres el hábito de escudriñar la Palabra de Dios descubrirás que acumulas una inmensa y profunda reserva de esperanza divina y fortaleza para los tiempos difíciles.

- Las raíces sirven de sostén. ¿Quieres permanecer firme en el Señor y en medio de las presiones de la vida? El cuidado diario de tus raíces espirituales mediante el estudio de la Palabra de Dios te convertirá en una mujer extraordinaria y firme.[1]

Me alegra que hayas escogido este volumen de mi serie de estudios bíblicos de *Una mujer conforme al corazón de Dios*®. Mi oración es que las verdades que encuentres en la Palabra de Dios a través de este estudio te acerquen más a la semejanza de su amado Hijo y te faculten para ser la mujer que anhelas: Una mujer conforme al corazón de Dios.

En su amor,

Elizabeth George

Lección 1

El escenario de la historia

*E*ster! El nombre y la historia en torno a esta célebre y admirada reina del Antiguo Testamento evocan un sinnúmero de ideas de carácter y coraje. Incluso su nombre persa, que significa "estrella", genera toda clase de expectativas. Pasaremos días emocionantes en el estudio de la vida de Ester, su belleza y fortaleza y sus múltiples cualidades que la convierten en una verdadera "estrella". Sin embargo, solo hablaremos de ella hasta la cuarta lección, así que por ahora dediquémonos a preparar la escena para su llegada. Antes de adentrarnos en la historia bíblica relatada en el libro de Ester, veamos algunos hechos fundamentales:

¿Quién escribió el libro de Ester? Se desconoce el autor. Algunos creen que pudo ser Mardoqueo. Otros apuntan a Esdras o Nehemías. Lo más probable es que quien haya escrito Ester fuera judío y conociera muy bien al rey Asuero y los sucesos de su reinado. (Cabe agregar que Ester es uno de los libros bíblicos cuyo nombre corresponde a una mujer. El otro es Rut.)

¿Cuál es la fecha en que fue escrito el libro de Ester? Algunos cálculos ubican la fecha entre 464 y 424 a.C., pero sin duda alguna después de 465 a.C., año en que muere el rey Asuero. (Cabe anotar que los sucesos registrados en Ester corresponden a los capítulos 6 y 7 del libro de Esdras y que finalizan la sección histórica del Antiguo Testamento.)

¿Cuál es el tema del libro de Ester? Aunque el nombre de Dios no se menciona, el libro de Ester muestra con claridad el cuidado soberano de Dios y su fiel amor por su pueblo. Como alguien comentó: "Aunque no aparece el nombre de Dios, su presencia es constante. Él cubre a su pueblo como una nube protectora".

¿Cuál es el contexto histórico del libro de Ester? La historia se desarrolla en el Imperio Persa, mayormente en Susa, la capital persa donde la corte pasaba el invierno.

¿Cuáles son algunos problemas que presenta el estudio del libro de Ester? Algunos eruditos cuestionan el hecho de que no se menciona a Dios (ni la oración, la adoración y la ley divina), y que Ester y su primo Mardoqueo quizá no eran judíos devotos (sus ancestros no quisieron regresar a Jerusalén cuando tuvieron la oportunidad, prefirieron ocultar la identidad judía de Ester, ella tal vez comía alimentos considerados impuros por los judíos e hizo parte del harén del rey). Sin embargo, la mayoría coinciden en afirmar que tanto Mardoqueo como Ester demostraron gran valentía, nobleza y una notable moral en su carácter.

Ahora veamos cómo empieza el relato de Ester y demos inicio al estudio de sus grandes virtudes.

Ester 1:1-9

¹Aconteció en los días de Asuero, el Asuero que reinó desde la India hasta Etiopía sobre ciento veintisiete provincias,

²que en aquellos días, cuando fue afirmado el rey Asuero sobre el trono de su reino, el cual estaba en Susa capital del reino,

³en el tercer año de su reinado hizo banquete a todos sus príncipes y cortesanos, teniendo delante de él a los más poderosos de Persia y de Media, gobernadores y príncipes de provincias,

⁴para mostrar él las riquezas de la gloria de su reino, el brillo y la magnificencia de su poder, por muchos días, ciento ochenta días.

⁵Y cumplidos estos días, hizo el rey otro banquete por siete días en el patio del huerto del palacio real a todo el pueblo que había en Susa capital del reino, desde el mayor hasta el menor.

⁶El pabellón era de blanco, verde y azul, tendido sobre cuerdas de lino y púrpura en anillos de plata y columnas de mármol; los reclinatorios de oro y de plata, sobre losado de pórfido y de mármol, y de alabastro y de jacinto.

⁷Y daban a beber en vasos de oro, y vasos diferentes unos de otros, y mucho vino real, de acuerdo con la generosidad del rey.

⁸Y la bebida era según esta ley: Que nadie fuese obligado a beber; porque así lo había mandado el rey a todos los mayordomos de su casa, que se hiciese según la voluntad de cada uno.

⁹Asimismo la reina Vasti hizo banquete para las mujeres, en la casa real del rey Asuero.

Del corazón de la Palabra de Dios

1. Anota quiénes asistieron al banquete de 180 días convocado por el rey Asuero (v. 3).

2. ¿Qué hizo el rey Asuero durante esos 180 días de fiesta (v. 4)?

3. ¿Qué personas fueron invitadas al segundo banquete que duró siete días (v. 5)?

4. ¿Qué hacía la reina Vasti en ese momento (v. 9)?

Para tu corazón

• Ya que conoces al rey Asuero, ¿cuáles son tus primeras impresiones de él?

• Como la mayoría de los reyes, Asuero era muy rico. Sin embargo ¿qué nos enseña la Biblia sobre las riquezas?

Proverbios 30:7-9

Proverbios 31:20

Filipenses 4:11-13

¿Cuál es tu situación actual en lo que respecta a lo material? ¿Riqueza o escasez? ¿Gozas de abundancia o sufres precariedad? ¿Vives en prosperidad o en pobreza? ¿De qué manera te animan estos pasajes?

• Medita en esta profunda declaración… y luego responde la pregunta que invita a pensar:

> *L*as personas suelen admirar cuatro cualidades en los demás: La sabiduría humana, el poder (la fuerza), la amabilidad y las riquezas… Sin embargo, Dios valora más que el hombre lo conozca y lleve una vida que refleje su justicia y santidad. ¿Qué quisieras que los demás admiraran de ti?[2]

Cultivar un corazón bello y fuerte

Ya está listo el escenario. Hemos conocido a varios personajes, entre ellos el rey Asuero y su reina, Vasti. Hemos visto el alcance del imperio del rey que abarca 127 provincias desde la India hasta Etiopía. Hemos visitado el palacio y admirado su mobiliario. Hemos sido testigos de un festín extravagante (o quizá dos y hasta tres).

Una breve investigación revela algunos hechos subyacentes: El rey Asuero hacía planes para invadir Grecia. El banquete de seis meses le daba tiempo para planear junto con sus príncipes y nobles su estrategia bélica y demostrar su poderío y riquezas que lo hacían apto para trabar una guerra. Además "para la mayoría de habitantes de Asia occidental, como en el presente, la vida era dura y el alimento escaso. Mientras que los jornaleros recibían apenas lo suficiente para subsistir… la vida en la corte se caracterizaba por una extravagancia inimaginable".[3]

Veremos a lo largo del libro de Ester que si bien el rey Asuero fue usado por Dios de manera poderosa, él no era un hombre de notable carácter. Y en estos pocos versículos vemos que, como alguien señaló: "nada oculta mejor un defecto que un manto dorado".[4]

Querida, no debemos dejarnos engañar por la opulencia y el poder. Tampoco debemos codiciar una vida de riquezas. Antes bien, estamos llamadas a ser mujeres conforme al corazón de Dios que cultivan su carácter. Entonces si tienes mucho, da con liberalidad, generosidad, abundancia… y alegría (vea 2 Co. 9:6-7). Busca la manera de usar las bendiciones de Dios para bendecir a otros e invertirlas en sus propósitos eternos. Y si tienes poco, busca el contentamiento. Ambas condiciones nos permiten desarrollar un carácter piadoso.

*L*ección 2

Se va una reina hermosa

Ester 1:10-22

*E*l poeta inglés John Keats escribió que: "Algo bello es una dicha eterna". Bueno, amiga mía, después de terminar esta lección tal vez pongamos en duda esta afirmación.

Al final de nuestra lección anterior sobre nuestro estudio de "cómo ser una mujer bella y fuerte" conocimos a Vasti, la soberana del rey Asuero. El texto deja ver con claridad que Vasti era hermosa. De hecho, su nombre significa "mujer bella". Y por derecho propio, esta reina ostentaba fuerza y belleza. El banquete que se prolongó durante ciento ochenta días en el palacio del rey, con un asombroso despliegue de riquezas, degeneró en excesos y embriaguez… y tuvo un final desastroso. Por favor

15

asegúrate de leer el pasaje completo en tu Biblia. Luego medita en estos versículos seleccionados que bastan para entender lo sucedido.

Ester 1:10-22

10El séptimo día, estando el corazón del rey alegre del vino, mandó a Mehumán, Bizta, Harbona, Bigta, Abagta, Zetar y Carcas, siete eunucos que servían delante del rey Asuero,

11que trajesen a la reina Vasti a la presencia del rey con la corona regia, para mostrar a los pueblos y a los príncipes su belleza; porque era hermosa.

12Mas la reina Vasti no quiso comparecer a la orden del rey enviada por medio de los eunucos; y el rey se enojó mucho y se encendió en ira.

16Y dijo Memucán delante del rey y de los príncipes: No solamente contra el rey ha pecado la reina Vasti, sino contra todos los príncipes, y contra todos los pueblos que hay en todas las provincias del rey Asuero.

19Si parece bien al rey, salga un decreto real de vuestra majestad y se escriba entre las leyes de Persia y de Media, para que no sea quebrantado: Que Vasti no venga más delante del rey Asuero; y el rey haga reina a otra que sea mejor que ella.

20Y el decreto que dicte el rey será oído en todo su reino, aunque es grande, y todas las mujeres darán honra a sus maridos, desde el mayor hasta el menor.

Del corazón de la Palabra de Dios

1. Solicitud. ¿Cómo estaba el rey el último día del banquete de una semana en el que emitió una orden a los eunucos encargados de su harén real (v. 10)?

   ¿Cuál fue su solicitud?

   ¿Cuál era su intención?

2. Respuesta. ¡Los versículos que siguen tienen muchas respuestas! ¿Cuál fue la respuesta de la reina Vasti (v. 12)?

   ¿Y la del rey (v. 12)?

   ¿Y la del vocero de los consejeros de la corte (v. 16)?

   Repercusiones. ¿Qué consecuencias personales sufrió Vasti por su decisión (v. 19)?

   (Alguien llegó a suponer que los consejeros del rey pudieron pensar: "Si ella no viene cuando se le llama, entonces que no venga más".[5])

   ¿Sobre qué argumento se basó el decreto (v. 20)?

Para tu corazón

Antes de extraer lecciones personales de este pasaje de las Escrituras y de la escena descrita, cabe anotar que "las leyes de Persia y de Media" (v. 19) eran irrevocables e inalterables. Por consiguiente, una vez escrita la ley que prohibía a Vasti volver a presentarse ante el rey y que decretaba su destronamiento, era imposible cambiarla o revocarla.

• Ya conocimos al rey Asuero. ¿Cómo describirías el personaje y su carácter?

• También conocimos a la reina Vasti. ¿Cómo la describirías?

• Ya vimos que la reina Vasti era tan "hermosa" (v. 11) que su esposo quería exhibirla (como a sus joyas y corona reales). Muchos han especulado sobre la razón por la cual esta bella reina decidió desacatar la solicitud de su esposo. Tal vez…

   …los hombres estaban ebrios.
   …se le pidió presentarse en ropas indecentes.
   …estaba embarazada.

Sin importar cuál haya sido el motivo, Dios prefirió que no lo supiéramos. Y como dijo un comentarista acerca de esta omisión: "Quizá el autor sentía cierta compasión por Vasti y esperaba comunicarla a sus lectores y pareciera haberlo logrado".[6]

Según Proverbios 22:1 ¿qué es más valioso que las riquezas? Lee además:

   Proverbios 11:16

   Proverbios 31:25

Al meditar en estas verdades acerca de la "belleza" y la fuerza, ¿qué conclusiones puedes extraer para tus propios valores y tu conducta?

Cultivar un corazón bello y fuerte

Al parecer, el misterio sobre la negativa de Vasti inquieta a muchos. Los argumentos van desde los partidarios de Vasti que justifican sus motivos de dignidad personal, hasta sus opositores que condenan su insumisión como esposa.

Sin embargo, amada lectora, nada de esto es sustancial. Lo que importa es que Dios está detrás de todo lo que ocurre en el primer capítulo del libro de Ester. Ya vimos que el nombre de Dios no se menciona en este libro del Antiguo Testamento y que aún así su cuidado y obra soberanos son tangibles e impulsan con determinación cada suceso.

La verdad consignada en Proverbios 21:1 se cumple en la vida del poderoso y opulento rey Asuero. "Como los repartimientos de las aguas, así está el corazón del rey en la mano de Jehová; a todo lo que quiere lo inclina". Sirviéndose de una mente ebria, una negativa de parte de la reina, el pronto consejo de un hombre amenazado y el consenso de unos cuantos consejeros, Dios inclinó el corazón del rey… y una hermosa reina perdió el trono. Por eso, tuviera o no razones válidas, vemos como dice Charles Swindoll:

> *E*sto es lo prodigioso de la soberanía de Dios. Detrás del escenario Él mueve, impulsa y organiza sucesos y cambia mentes hasta convertir el escenario más carnal y secular en una decisión que pondrá en marcha su plan perfecto.[7]

Ahora que Dios ha despejado el cargo real, veamos lo que sucede a continuación.

Lección 3

En busca de una reina

Estoy segura de que alguna vez has dicho o hecho (¡o ambas cosas!) algo que más adelante has lamentado de manera profunda. Como dice el antiguo dicho: "Errar es humano". Todas hemos tomado una decisión apresurada en algún momento, o hablado sin pensar, o cedido a la presión de una multitud para complacerla.

Bueno, amiga mía, el rey Asuero no fue la excepción. Él tomó una decisión apresurada al destituir a su hermosa reina, Vasti. Decretó sin pensar bien un edicto irrevocable para destronarla. Y también cedió ante el consejo de otros sin detenerse a pensar en las posibles consecuencias.

21

Como veremos en esta lección, parece que el rey Asuero alcanzó a lamentar su arrebato. Leamos y descubramos juntas lo que relata el libro de Ester.

Ester 2:1-4

¹Pasadas estas cosas, sosegada ya la ira del rey Asuero, se acordó de Vasti y de lo que ella había hecho, y de la sentencia contra ella.

²Y dijeron los criados del rey, sus cortesanos: Busquen para el rey jóvenes vírgenes de buen parecer;

³y ponga el rey personas en todas las provincias de su reino, que lleven a todas las jóvenes vírgenes de buen parecer a Susa, residencia real, a la casa de las mujeres, al cuidado de Hegai eunuco del rey, guarda de las mujeres, y que les den sus atavíos;

⁴y la doncella que agrade a los ojos del rey, reine en lugar de Vasti. Esto agradó a los ojos del rey, y lo hizo así.

Del corazón de la Palabra de Dios

1. Anota aquí las primeras tres palabras de Ester 2:1.

(Es interesante notar que muchas "cosas" sucedieron entre el final del capítulo 1 y las primeras tres palabras del capítulo 2. Alrededor de cuatro años transcurrieron durante la pausa de ese capítulo y algunas de las "cosas" a las que alude el autor tienen que ver con el rey Asuero, también conocido como Jerjes, que sale a conquistar Grecia y regresa a casa después de una desastrosa derrota).

Después de leer el versículo 1, ¿qué puedes inferir del genio del rey? (Asegúrate de añadir este dato a tus conocimientos previos sobre el carácter y comportamiento del rey.)

¿Qué vino a la mente del rey Asuero cuando se acordó de su amada Vasti?

2. ¿Qué sugerencia le dieron los consejeros al rey tras percibir posiblemente su soledad, desaliento y remordimiento (vv. 2-4)?

(Un pequeño comentario: La mayoría de los eruditos concuerdan en decir que los consejeros del rey también reaccionaron por temor. Ellos habían propiciado la expulsión de Vasti y si ella era repuesta como reina podría castigarlos por haber actuado en su contra. También era probable que el rey, por su parte, tomara represalias si continuaba extrañando a Vasti y empezaba a culpar a sus consejeros por su ausencia).

Describe a las mujeres que debían pasar la prueba (vv. 2-3).

Describe el alcance de la búsqueda (v. 3).

¿Cuál es el nuevo personaje que aparece en el versículo 3 y cuál era su misión?

3. ¿Cómo le pareció al rey Asuero esta propuesta y el procedimiento (v. 4)?

Para tu corazón

• ¿Recuerdas algún fracaso que hayas experimentado en algo que era muy importante para ti? ¿Algún momento en que te sentiste en la cima del mundo y de repente todo se derrumbó? Pensar en esto podría ayudarte a entender la situación del rey Asuero.

• Ganar siempre y nunca perder. ¡Así es el rey Asuero! ¿Qué ganaría el rey si busca una reina por todo el reino?

(Otro comentario: Por regla general la reina se elegía entre los aliados políticos o las hijas de los consejeros y asesores del rey. En cambio, esta reina sería elegida por amor y complacencia).

• Nuestro estudio se titula *Descubre cómo ser una mujer bella y fuerte*. Ya aprendimos que la reina Vasti era "hermosa" (Est. 1:11). Ahora vemos que el rey va a elegir una nueva reina entre las mujeres más hermosas de su reino. Y no solo eso, sino que realzaría la belleza de las candidatas con "sus atavíos" (v. 3). Ya que iniciamos un estudio profundo acerca de la belleza, miremos un poco lo que Dios dice al respecto. Y no te conformes con anotarlo ¡grábalo en tu corazón!

    1 Samuel 16:7

    Proverbios 11:22

    Proverbios 31:30

Anota en pocas frases lo que significa ser hermosa a los ojos de Dios. Escribe además algo que puedes hacer hoy para realzar la belleza según Dios en tu vida. Y recuerda pasar tiempo en oración para buscar este valor fundamental de la belleza en tu vida.

Cultivar un corazón bello y fuerte

Cuatro versículos. Eso es todo lo que hemos visto hasta ahora y sin embargo tantas lecciones que nos ha aportado el estudio de los sucesos políticos en un palacio. Para concluir este pasaje de las Escrituras recordemos lo aprendido hasta ahora:

Primera lección: Dios. A lo largo de nuestro estudio veremos una y otra vez que todos los acontecimientos del libro de Ester son el resultado de la obra subyacente de Dios a favor de su pueblo. Podemos afirmar con certeza que Dios inspiró en la mente de los consejeros del rey la idea de buscar una reina mediante procedimientos y protocolos inusitados. Dicho plan abrió de par en par las puertas del reino y entonces alguien "insignificante" como Ester pudo entrar. (¡Pero esa es otra lección que nos espera!)

Segunda lección: Belleza. Es alentador recordar el criterio divino acerca de la belleza verdadera. La fe y el carácter y no las apariencias externas, son lo que le importa a Dios. A Él le interesa tu corazón, no tu cabello, ni tus rasgos faciales, ni tu figura. ¿Tu corazón cuenta con el favor de Dios?

Tercera lección: Remordimiento. Empezamos nuestra lección con el remordimiento del rey Asuero por su decisión y acción apresuradas. ¡Espero que estas palabras de consejo te ayuden a la hora de tomar tus propias decisiones!

Mostrar reverencia hacia tu Hacedor.

Manifestar bondad hacia un anciano.

Romper una carta escrita con enojo.

Pedir disculpas para salvar una amistad.

Poner fin a un escándalo que podría destruir la reputación de alguien.

Dedicar tiempo al cuidado de los seres queridos.

Aceptar el juicio perfecto de Dios en cada asunto.[8]

$\mathscr{L}$ección 4

Cómo encontrar
"diamantes en el polvo"

Ester 2:5-7

$\mathscr{C}$uando mis padres vendieron la casa que habitaron casi toda su vida, repartieron sus más preciadas posesiones entre mis tres hermanos y yo. Uno de los tesoros que recibí fue un árbol genealógico hecho a mano en caligrafía con pluma y tinta. Cada vez que veo esta obra enmarcada puedo recordar mis antepasados. Allí consta cada unión matrimonial con su fecha, hijos e hijas con sus fechas de boda, así como las de sus hijos y sus hijas y así sucesivamente.

Bueno, amada, hoy vamos a estudiar el árbol genealógico de una familia muy especial que Dios guió a un lugar particular para un tiempo señalado de la historia. Será un poco técnico (al igual que todo árbol genealógico), pero lo presentaré de la manera más sencilla posible. Primero leamos cómo Dios presenta la genealogía de dos miembros de su pueblo.

Ester 2:5-7

⁵Había en Susa residencia real un varón judío cuyo nombre era Mardoqueo hijo de Jair, hijo de Simei, hijo de Cis, del linaje de Benjamín;

⁶el cual había sido transportado de Jerusalén con los cautivos que fueron llevados con Jeconías rey de Judá, a quien hizo transportar Nabucodonosor rey de Babilonia.

⁷Y había criado a Hadasa, es decir, Ester, hija de su tío, porque era huérfana; y la joven era de hermosa figura y de buen parecer. Cuando su padre y su madre murieron, Mardoqueo la adoptó como hija suya.

Del corazón de la Palabra de Dios

1. Primero, algunos detalles del versículo 5. ¿Qué hombre se menciona?

   ¿Dónde vivía?

   ¿Qué detalles describe Dios sobre este hombre y su "árbol genealógico"?

   Nota: Los benjamitas eran los descendientes del patriarca Benjamín, el hijo menor de Jacob y nieto de Abraham (vea Gn. 35:18, 22b-26). Los benjamitas formaban una de las doce tribus de Israel.

2. Después de leer el versículo 6, ¿qué puedes decir de Cis, el bisabuelo de Mardoqueo?

En 2 Reyes 24:13-16 y 2 Crónicas 36:9-10 encontramos detalles acerca de este trágico suceso. Es evidente que Mardoqueo (y su prima Ester) eran descendientes directos de alguno de los miles de ciudadanos principales de Jerusalén que fueron llevados cautivos a Babilonia.

Revisa también 2 Crónicas 36:22-23. Los antepasados de Mardoqueo no habían regresado a Jerusalén después que Babilonia cayó ante los persas. Fue así como Mardoqueo llegó a Persia.

3. ¿Qué aprendes acerca de Mardoqueo en el versículo 7?

Explica tu respuesta.

¿Cómo es la descripción física de Ester?

¿Qué pasó con sus padres?

(Una pequeña nota: Hadasa era el nombre hebreo de Ester cuyo significado es "mirto". Ester era su nombre persa, que significa "estrella".)

Para tu corazón

• Amada amiga, echa un vistazo a tu árbol genealógico. ¿Todo transcurrió en perfecta armonía para ti y tus antepasados? En el caso de Mardoqueo y Ester no fue así. El exilio y la orfandad que experimentaron son sucesos trágicos y muy dolorosos. ¿De qué manera han sufrido tú, tu familia o tus antepasados?

• La Palabra de Dios nos ofrece aliento para enfrentar el sufrimiento. ¿Cómo te fortalecen estas promesas?

   Salmo 9:9

   Salmo 18:2

   Salmo 23:4

   Salmo 46:1

• Ya vimos que el nombre Ester significa "estrella". Y aquí, como el primer destello de la estrella vespertina, encontramos el primer rayo de luz en una tierra pagana y sin Dios. Hasta ahora el texto bíblico nos ha mostrado múltiples escenas de opulencia, orgullo, ebriedad y glotonería, traición, ira, e intrigas políticas. Luego, de repente, nos encontramos con los primos Ester y Mardoqueo, dos judíos, del pueblo escogido por Dios. En este par de judíos se vislumbra esperanza, se asoma un destello que penetra las tinieblas del mundo persa.

   Esta es una historia del Antiguo Testamento pero pasemos por un momento al Nuevo Testamento para ver cómo debemos brillar e influir sobre este mundo en que vivimos. ¿Qué puedes decir acerca de la "luz" que esparces como cristiana a quienes te rodean?

   Mateo 5:16

   Filipenses 2:15

   Efesios 5:8

• Dios ha tomado la precaución de preservar y registrar en su Palabra la genealogía de su pueblo, como en este pasaje de las Escrituras con la genealogía de Mardoqueo y Ester. Un examen cuidadoso revela que ni Mardoqueo ni Ester tenían familia. Mardoqueo no tiene al parecer esposa ni hijos, Ester quedó huérfana y a pesar de todo se tenían el uno al otro. Llegaron a Persia por la tragedia del cautiverio y a pesar de las circunstancias llegaron al lugar señalado por Dios, al momento exacto para traer un poco de su luz a un mundo entenebrecido.

Cada página del libro de Ester tiene el sello de la soberanía y providencia de Dios. ¿Qué es providencia?

Providencia es el cuidado permanente con que Dios gobierna el universo que creó.[9]

Amada, ¿reconoces el poder de Dios en cada circunstancia de tu vida, su plan para ti y su divino propósito con todo lo que te sucede? Este es un buen momento para orar y darle gracias a nuestro Dios soberano, Todopoderoso y amoroso por su cuidado permanente cada día y en cada detalle de tu vida.

Cultivar un corazón bello y fuerte

Hoy precisamente me llegó una carta y un paquete de tarjetas de Joni Eareckson Tada. Quizá ya conoces bien la historia de Joni, que a los 17 años se lanzó en un estanque, golpeó con un objeto en el fondo del agua y se fracturó el cuello. Habiendo quedado paralítica del cuello hasta los pies, ha pasado los últimos 25 años confinada a una silla de ruedas. Y a pesar de eso cada tarjeta exhibía una hermosa pintura que esta preciosa mujer dibujó sosteniendo lápices entre sus dientes.

Lo que más me atrae de la carta y las tarjetas de Joni y en lo que medito en esta lección sobre la belleza y fortaleza de Ester, es la capacidad de Joni de encontrar "diamantes en el polvo" de sus dificultades.[10] Detrás del folleto ella escribió:

> Cuando me siento inspirada lo que más disfruto es acercarme a mi caballete y trabajar con mis lápices. Esto requirió años de práctica, ¡pero doy gracias por mis ojos sanos y mis dientes fuertes que me permiten alabar al Señor por medio de mi arte![11]

Amiga mía ¿puedes tú encontrar hasta el más diminuto diamante, como un par de ojos sanos y dientes fuertes, en el polvo de tus dificultades? Como dijo alguien: "Alabar a Dios por nuestras bendiciones las aumenta. Alabar a Dios por nuestros problemas los acaba". Piensa en tus dificultades, ¡y luego levanta una alabanza gloriosa y resonante al trono majestuoso en las alturas!